子どもとつながる
ちょこっと遊び!

保育のなぞなぞ318

今井和子/監修

ひかりのくに

はじめに

本書『子どもとつながるちょこっと遊び！　保育のなぞなぞ318』は、保育の現場で子どもたちが本当に楽しめるなぞなぞをたくさん集めました。

園行事や遊び、自然、生き物、食べ物など、季節に合わせて楽しむことのできるなぞなぞは、行事へ向けての気持ちを盛り上げたり、製作やお散歩の導入として使うことができます。本書の後半では、季節を問わずいつでも使えるなぞなぞを、ジャンル別に紹介しています。ちょっとした空き時間に、お弁当や給食の前に、バスを待つ時間に…と、いろいろな場面で活用してください。

なぞなぞは、子ども同士、子どもと保育者、子どもと保護者の楽しいコミュニケーションのひとつの手段となります。また、幼児期にこのような言葉遊びに親しむことで、考える力や想像する力をはぐくむことができます。

子どもたちといっしょになぞなぞを楽しみ、保育の現場が明るくなるお手伝いができることを願います。

今井和子

本書の特長

保育現場で使える、
うれしい３つの特長！

1 年中行事や子どもの生活に合わせて使えるなぞなぞがいっぱい！

季節のなぞなぞ
＋
いつでも使えるなぞなぞ
＝
全 **318** 問！

2 子どものようすに応じて使える！

メインの問題だけでなく
子どものようすに合わせて
プラスアルファの出し方も紹介！
3歳児にもOK！

3 保育に生かせるヒント付き！

なぞなぞの
使い方アイディアや
発展の遊びなど、
保育のヒントがいっぱい！

本書の見方

本書は、保育現場で使いやすいように、下のような見せ方をしています。順番に限らず、保育のさまざまな場面で活用してください。

１章：季節のなぞなぞ
２章：いつでも使える
　　　なぞなぞ
の2章立て。行事や子どもの生活に合わせて使えます。

対象年齢です。
4・5 歳児メイン！
3 歳児も！

現場で洗練された、子どもが楽しめる問題文です。口に出して、言葉のリズムも楽しみましょう！

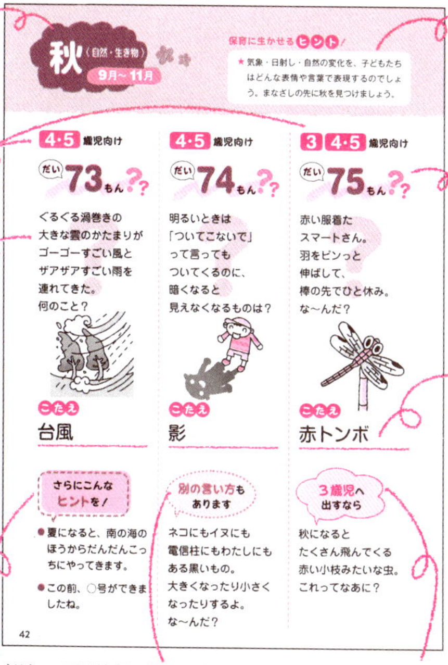

秋（自然・生き物）
9月～11月

保育に生かせるヒント！
★気象・日射し・自然の変化を、子どもたちはどんな表情や言葉で表現するのでしょう。まなざしの先に秋を見つけましょう。

4・5 歳児向け
だい73もん
ぐるぐる渦巻きの
大きな雲のかたまりが
ゴーゴーすごい風と
ザアザアすごい雨を
連れてきた。
何のこと？
こたえ
台風
さらにこんなヒントを！
● 夏になると、南の海のほうからだんだんこっちにやってきます。
● この前、○号ができましたね。

4・5 歳児向け
だい74もん
明るいときは
「ついてこないで」
って言っても
ついてくるのに、
暗くなると
見えなくなるものは？
こたえ
影
別の言い方もあります
ネコにもイヌにも
電信柱にもわたしにも
ある黒いもの。
大きくなったり小さく
なったりするよ。
な～んだ？

3 4・5 歳児向け
だい75もん
赤い服着た
スマートさん。
羽をピンっと
伸ばして、
棒の先でひと休み。
な～んだ？
こたえ
赤トンボ
3歳児へ出すなら
秋になると
たくさん飛んでくる
赤い小枝みたいな虫。
これってなあに？

42

なぞなぞの出し方やタイミングなど、保育に生かせるヒントがいっぱいです。

問題番号は、
通し番号です。
全部で
318 問あります！

パッと見て、出したい問題がすぐに見つかるように、問題文のすぐ下に答えを示しています。

子どものようすに合わせて使える、プラスアルファの出し方やヒントも！

▶ なぞなぞの問いかけだけでは答えが出ないときの、ヒントの例を紹介しています。子どものようすを見ながら、ひとつ目、ふたつ目と出していきましょう。

同じ答えになる、別の言い方のなぞなぞを紹介しています。違った角度からも物事がとらえられることも伝えられます。

3 歳児へ出すときの言い方を紹介。4・5 歳児に出しても楽しめます。

探しやすい答えもくじも！
❶ あいうえお順 ▶6・7ページ
❷ ジャンル別 ▶8・9ページ

もくじ

はじめに …… 2
本書の特長／本書の見方 …… 3
もくじ …… 4
答えもくじ1　あいうえお順 …… 6
答えもくじ2　ジャンル別 …… 8

序章

❶子どもの発達となぞなぞ遊び …… 10
❷保育のシーンで大活躍!! …… 12
❸なぞなぞの出し方㊙テク!! …… 14
❹なぞなぞの始まりにオススメの歌 Best 3 …… 16

1章 季節のなぞなぞ

春　4～5月

1 進級式 …… 18
2 お花見 …… 18
3 遠足 …… 18
4 母の日 …… 19
5 誕生日 …… 19
6 こいのぼり …… 19
7 チョウチョウ …… 20
8 テントウムシ …… 20
9 ハチ …… 20
10 ダンゴムシ …… 21
11 ウグイス …… 21
12 オタマジャクシ …… 21
13 サクラ …… 22
14 タンポポ …… 22
15 チューリップ …… 22
16 イチゴ …… 23
17 タケノコ …… 23
18 ソラマメ …… 23
19 ジャングルジム …… 24
20 すべり台 …… 24
21 砂場 …… 24
22 ブランコ …… 25
23 鉄棒 …… 25
24 シーソー …… 25

夏　6～8月

25 虫歯 …… 26
26 時計 …… 26
27 父の日 …… 26
28 お泊り会 …… 27
29 おばけ …… 27
30 七夕 …… 27
31 花火 …… 28
32 おみこし …… 28
33 プール …… 28
34 キャンプ …… 29
35 テント …… 29
36 盆踊り …… 29
37 カエル …… 30
38 カタツムリ …… 30
39 カニ …… 30
40 カ …… 31
41 セミ …… 31
42 カブトムシ …… 31
43 雨 …… 32
44 虹 …… 32
45 水たまり …… 32
46 雷 …… 33
47 入道雲 …… 33
48 海 …… 33
49 星 …… 34
50 流れ星 …… 34
51 天の川 …… 34
52 アサガオ …… 35
53 アジサイ …… 35
54 ヒマワリ …… 35
55 スイカ …… 36
56 モモ …… 36
57 そうめん …… 36
58 アイス …… 37
59 綿あめ（綿菓子） …… 37
60 かき氷 …… 37
61 浮き輪 …… 38
62 シャボン玉 …… 38
63 帽子 …… 38
64 扇風機 …… 39
65 うちわ …… 39
66 風鈴 …… 39

秋　9～11月

67 月 …… 40
68 かけっこ …… 40
69 玉入れ …… 40
70 綱引き …… 41
71 目 …… 41
72 イモ掘り …… 41
73 台風 …… 42
74 影 …… 42
75 赤トンボ …… 42
76 ミノムシ …… 43
77 バッタ …… 43
78 カマキリ …… 43
79 ススキ …… 44
80 キク …… 44
81 モミジ …… 44
82 イチョウ …… 45
83 ドングリ …… 45
84 マツボックリ …… 45
85 ブドウ …… 46
86 ナシ …… 46
87 クリ …… 46
88 キノコ …… 47
89 お団子 …… 47
90 お赤飯 …… 47

冬　12～2月

91 クリスマス …… 48
92 クリスマスツリー …… 48
93 サンタクロース …… 48
94 トナカイ …… 49
95 ソリ …… 49
96 プレゼント …… 49
97 お年玉 …… 50
98 餅つき …… 50
99 雑煮 …… 50
100 年賀状 …… 51
101 豆まき …… 51
102 生活発表会 …… 51
103 そば …… 52
104 リンゴ …… 52
105 ミカン …… 52
106 マフラー …… 53
107 手袋 …… 53
108 ストーブ …… 53
109 北風 …… 54
110 スイセン …… 54
111 雪 …… 54
112 雪だるま …… 55
113 氷 …… 55
114 霜柱 …… 55
115 たこ …… 56
116 こま …… 56
117 おしくらまんじゅう …… 56
118 竹馬 …… 57
119 なわとび …… 57
120 スキー …… 57

早春　3月

121 ひな祭り …… 58
122 ひな人形 …… 58
123 ひしもち …… 58
124 耳 …… 59
125 お別れ会 …… 59
126 卒園式 …… 59
127 春風 …… 60
128 菜の花 …… 60
129 ツクシ …… 60
130 オオイヌノフグリ …… 61
131 スミレ …… 61
132 ヨモギ …… 61

2章 いつでも使えるなぞなぞ

食べ物

133 おむすび …… 62
134 サンドイッチ …… 62
135 やきそば …… 62
136 スパゲッティ …… 63
137 卵 …… 63
138 ソーセージ …… 63
139 カレーライス …… 64
140 うどん（キツネうどん） …… 64
141 ラーメン …… 64
142 ステーキ …… 65
143 たこやき …… 65
144 たいやき …… 65
145 食パン …… 66
146 ドーナツ …… 66
147 ハム …… 66
148 チーズ …… 67
149 ヨーグルト …… 67
150 ミルク（牛乳） …… 67
151 タマネギ …… 68
152 バナナ …… 68
153 サクランボ …… 68
154 パパイヤ …… 69
155 ジャム …… 69
156 ケーキ …… 69
157 せんべい …… 70
158 クッキー …… 70
159 あめ …… 70
160 チョコレート …… 71
161 プリン …… 71
162 まんじゅう …… 71

答えもくじ 1 あいうえお順

答えもくじ 2 ジャンル別

知っておこう！

子どもの発達となぞなぞ遊び

幼児期の子どもたちは、自分の経験を通して考え方を学び、さまざまな言葉を覚え、そして表現することを身につけていきます。
「なぞなぞ遊び」は、子どもたちの考える力や発想力、想像力を伸ばすには、とても良い遊びです。
子どもたちとなぞなぞで遊ぶ前に、保育者のみなさんにはぜひ発達のことを知っておいてほしいと思います。

2~3歳児

単語を中心に、いろいろな言葉を覚える時期です。
子どもたちは、色や形、味やにおい、感触などの体験をもとに言葉を覚えます。この時期には、正しい発声でたくさんの言葉にふれられるようにしたいものです。

あいさつの言葉など、よく聞く言葉から覚えていきます。

なぞなぞは、4・5 歳児の言葉の発達にぴったり合った遊びです

なぞなぞは、耳で聞いた情報（なぞなぞ）を理解し、どんなものか考え、それが何かを正しく言えるかを問う遊びです。自分の考えをだれかに伝えたいという気持ちが芽生えてくる4・5歳児にぴったりの遊びと言えます。

なぞなぞなどの言葉遊びを通して想像力をはぐくむことで、人の気持ちを思いやることができる子どもに育つでしょう。

4~5 歳児

覚えた言葉を使って、自分の考えたことを表現できるようになってきます。

文字への興味が出て、読み書きができる子どもが増えてきます。

具体的な「もの」と、それを表現する「言葉」を結び付けられるようになります。なぞなぞやしりとりに楽しく取り組めるようになるのもこの時期です。

序章②

使い方いろいろ！

保育のシーンで大活躍！！

なぞなぞは、保育のいろいろなシーンで楽しめます。
本書をポケットにしのばせながら、あらゆる場面で活用してください。

1 ちょっとしたときに

ちょっと時間が空いてしまったときや、子どもの注意を何かに向けたいときに。

2 製作の導入として

お絵描きや工作のテーマを、なぞなぞで伝えると気持ちが盛り上がります。

3 散歩の前に

散歩に出る前に、その日行く場所や見つけたい動植物について、なぞなぞを出しても。

4 バスの待ち時間に

通園バスを待つ間や車内で、乗り物やバスから見えるもののなぞなぞで楽しんでも。

子どもと保育者、子どもと子ども、子どもと保護者が仲よくなるきっかけに！

なぞなぞは、必ず「出す側」と「答える側」がある遊びです。ふたり以上いれば、いつでも、だれとでも楽しめ、コミュニケーションの手段となります。なぞなぞを通して、仲よくなるきっかけづくりにしてください。

5 保育参観などで

保育参観や親子遠足のときなどに、保護者も参加してのなぞなぞ大会をしても盛り上がります。

6 行事の導入として

「今日は何の日かな？」と、なぞなぞを使って行事の説明をしてもいいでしょう。

7 発表会の幕間に

生活発表会の演目と演目の間のつなぎに、会場全体でなぞなぞを楽しんでもGOOD！

8 おたよりのコーナーに

クラス便りに「今月のなぞなぞコーナー」を作っても。保護者と子どものコミュニケーションの手助けになります。

9 食育のアイディアに

給食やお弁当のときなど、食育の一環として食べ物のなぞなぞを出しても。

序章③

子どもがイキイキ！
なぞなぞの出し方㊙テク!!

ただなぞなぞを出して答えるのではなく、子どものようすを見ながら、やりとりを楽しみながら行ないましょう。とっておきの㊙テクニックを紹介します。

㊙テク 1

すぐにヒントを出さない

なぞなぞを出したら、少し考える時間を取りましょう。ああでもないこうでもないと考えをめぐらすことで、考える力が伸び、発想力や想像力が豊かになります。

㊙テク 2

ヒントは遠回しに

例えば動物が答えになるなぞなぞなら､鳴き声などは最後のヒントにとっておきましょう。空を飛ぶ、水の中にいる、など範囲の広いところから始めて、だんだんと近づけていくといいでしょう。子どもとのやりとりを楽しみながら、ヒントを出していくといいですね。

㊙テク 3

別の出し方も試してみる

同じ答えになる、別の言い方のなぞなぞも出してみましょう。ヒントになるとともに、同じものを別の言い方で表現できることに気がつくでしょう。

㊙テク 4

間違っても着眼点を褒める

子どもの出した答えが間違っていたときは、ただ「はずれ」と言うだけでなく、どうしてその答えになったのか聞いてみましょう。子どもならではの発想で、おもしろいことを考えているかもしれませんよ。

㊙テク 5

当たったらみんなで喜ぶ

答えをうまく当てられたら、みんなで喜びましょう。褒められたことが、もっとやりたいという意欲や自信につながります。

楽しく始めよう！

なぞなぞの始まりに オススメの歌 Best 3

なぞなぞだけでも活動の導入になりますが、時にはなぞなぞを出す前に歌をうたうと、さらに楽しさが増すでしょう。

♪ はじまるよ はじまるよ（途中まで）

作詞・作曲／不詳

❶ は じまる

「は」に合わせて、顔の右側で拍手をします。

❷ よ（ったら）

「よ」に合わせて、顔の左側で拍手をします。

❸ は じまる

もう一度顔の右側で拍手をします。

❹ よ

顔の左側で拍手をします。

- ❶～❹の動きを繰り返します。
- 手遊びの『はじまるよ はじまるよ』の、繰り返し部分だけを使います。手拍子のあとに、リズムよくなぞなぞを出しましょう。

♪ なぞなぞ はじめましょう （『いとまき』のメロディで）

作詞／不詳（替え歌詞／編集部）・デンマーク曲

さあ なぞなぞ はじめましょう よーく きいて かんがえて

●考えるポーズをしたり、頭を指さしたりしながら歌いましょう。

♪ なぞなぞの おやくそく （『あたまかたひざポン』のメロディで）

作詞／不詳（替え歌詞／編集部）・イギリス民謡

こーたえは さきに いっちゃ だめだよ
わーかった ひとは てを あげ ましょう

●メロディに乗せて、なぞなぞの約束事を伝えましょう。

なぞなぞの
おやくそくだよ

春〈行事〉

4月〜5月

春。新学期。新しい友達や先生との出会いに、ドキドキワクワク。これから始まる園生活や遊びをなぞなぞに。子どもたちの期待感もグンと高まりますよ！

4・5 歳児向け

だい1もん

今日から
名札も部屋も
変わります。
ひとつ大きく
なりました。
今日は何の日かな？

こたえ

進級式

さらにこんなヒントを！

- 今日から○○組さんになります。お兄さん・お姉さんになりましたね。今日は何の日？

4・5 歳児向け

だい2もん

サクラがいっぱい
咲きました。
早く見に来てって
言っていますよ。
何のこと？

こたえ

お花見

別の言い方もあります

サクラたちが
お弁当持って
お菓子持って
「いらっしゃい」って
呼んでいます。
何のことかな？

3 4・5 歳児向け

だい3もん

雨が降ったら
行けません。
けんかをしたら
困ります。
友達や先生たちと
出かけます。
これってなあに？

こたえ

遠足

3歳児へ出すなら

リュックをしょって、
お弁当持って
ちょっと遠くまで
お出かけです。
楽しみですね。
何のことでしょう？

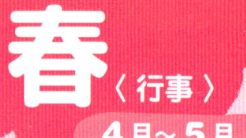

保育に生かせるヒント！

★「○日は何の日？」となぞなぞを出すと、行事への期待感が膨らみます。
★なぞなぞで関心を向けることで、イメージが広がったり細かなところにも注目できたりして、こいのぼりなどの製作のときにユニークな作品が作れるでしょう。

4・5 歳児向け

だい4もん

あなたをうんでくれて
大切に育ててくれた人に
ありがとう！って
カーネーションを
プレゼントする日、
な～んだ？

こたえ

母の日

さらにこんなヒントを！

- みんなをうんでくれたのは、だれでしょう？
- その人にお礼を言う日ですよ。「何の日」かわかる？

3　4・5 歳児向け

だい5もん

世界中で
たったひとりの
ぼく（わたし）が
うまれたことを
お祝いします。
これってなあに？

こたえ

誕生日

3歳児へ出すなら

ケーキの上に立てた
ろうそくを、
フーッと吹き消して
おめでとうの歌を
歌う日です。
何の日でしょう？

3　4・5 歳児向け

だい6もん

５月の空が好き。
風があると
元気いっぱい。
風がないと
しょーんぼり。
な～んだ？

こたえ

こいのぼり

3歳児へ出すなら

大きな口と大きな目。
５月の青い空を
泳ぐのが
だーい好き！
ぼくはだれでしょう？

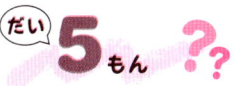

春〈生き物〉

4月～5月

保育に生かせるヒント！

★春は小さな生き物がいっぱい。驚きや喜びを全身で表しながら、出会った生き物たちをなぞなぞに。より身近に感じるでしょう。

3 4・5 歳児向け

だい7もん

子どものときは
アオムシで、
よろいを脱いで
大人になり、
空の散歩が大好きです。
わたしはだれでしょう？

こたえ

チョウチョウ

3歳児へ出すなら

花から花へ
きれいな羽で
ひーらひら。
わたしはだあれ？

3 4・5 歳児向け

だい8もん

アリンコより
大きくて、
ダンゴムシより
小さくて、
背中の星が自慢です。
わたしはだあれ？

こたえ

テントウムシ

3歳児へ出すなら

体は小さいけれど、
背中に星を
乗せています。
お日様が好きな
この虫なあに？

4・5 歳児向け

だい9もん

ぼくは虫です。
お兄ちゃんの名前は
キュウちゃん、
妹はナナちゃん。
ぼくの名前は？

こたえ

ハチ

さらにこんなヒントを！

- 7と9の間には何がある？
- 花の蜜を集めるのが得意で、怒ると針でチクリと刺しちゃうぞ！

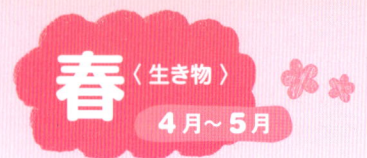

★「花に止まっていたのを見たよね」「ほらっ、○○ちゃんが石を動かしたらいたよね」など、子どもの姿からヒントを出しても。

★生き物の動きをジェスチャーで伝えると、イメージが広がり楽しくなります。

3　4・5 歳児向け

だい10もん

驚くと
丸まっちゃうよ。
それがぼくの
得意技。
ぼくはだれかな？

こたえ

ダンゴムシ

3歳児へ出すなら

石の下に
すんでいる虫さんです。
触るとお団子に
変身しちゃうよ。
何かな？

4・5 歳児向け

だい11もん

名前にイスが
ついていますが、
座れません。
きれいな声で
春を知らせる鳥です。

こたえ

ウグイス

さらにこんなヒントを！

- 木に止まって「ホーホケキョ」って鳴く鳥だよ。体の色は、緑色と茶色の間くらいで、おなかが白いよ。

4・5 歳児向け

だい12もん

今は水の中に
いるけれど
大きくなったら、
水の外でケロケロ、
グワッグワッ。
わたしはだあれ？

こたえ

オタマジャクシ

別の言い方もあります

黒くて小さくて
水の中に
たくさんいます。
手足が生えて
しっぽが取れたら
大人です。

春〈植物・食べ物〉

4月～5月

保育に生かせるヒント！

★野原一面の草花を想像するだけでうれしくなりますね。散歩に誘うときに草花のなぞなぞを出すと、期待感がさらにアップ！

4・5 歳児向け

だい 13 もん ??

春になると
みんながわたしを
待っています。
見渡す限り
ピンク色の雲みたいな
お花、な～んだ？

こたえ

サクラ

さらにこんなヒントを！

- お花見に行ったときに見た人もいるかも。
- ヒラヒラと花が散るようすが、雪みたいできれいだよ。

3 4・5 歳児向け

だい 14 もん ??

黄色い顔で
綿毛になって
フワフワ飛ぶ日を
楽しみに待っている
お花です。
わたしはだあれ？

こたえ

タンポポ

3歳児へ出すなら

道端に咲く黄色い花。
首飾りにしましょうか。
それともかんむりに
しましょうか。
何の花かわかる？

3 4・5 歳児向け

だい 15 もん ??

初めは「チュー」の
口の形。
だんだん開くと
「あー」になる、
ながーい首の花
な～んだ？

こたえ

チューリップ

3歳児へ出すなら

春の庭に、
赤、白、黄色、
コップみたいな
花が並んで
咲きました。何かな？

★タンポポの花の髪飾りや茎の水車作り、花吹雪をたんぽ画に、花の折り紙遊びへと、いろいろな遊びに展開できますよ。

★「なぞなぞの答えが当たったら、いいことするよ！」…本物のソラマメを用意して、皮むき体験などをしても。

3　4・5 歳児向け

だい16もん

赤くて小さい三角形。
ツブツブの顔で
ケーキの上に
座っています。
わたしはだあれ？

こたえ
イチゴ

3歳児へ出すなら

1が5つで
できている
赤い果物な〜んだ？

4・5 歳児向け

だい17もん

大きくなって、
すくすくのびて、
かぐや姫の
おうちになるのが
夢なんです。
わたしはだれでしょう？

こたえ
タケノコ

さらにこんなヒントを！

- 茶色い服ばかり、何枚も重ねて着ています。
- 煮物にしたり、ご飯に混ぜたりして、春に食べる三角の植物。

4・5 歳児向け

だい18もん

ふわふわベッドに
ひとつ、ふたつ、
みっつ。
すやすや眠っている
大きなお豆さん、
なあに？

こたえ
ソラマメ

別の言い方もあります

畑にある「空」って
いったい何のこと？
ふわふわの毛布に
くるまっています。

春〈遊び〉

4月～5月

保育に生かせるヒント！

★園庭や公園で、子どもたちが真っ先に親しむ遊具の数々。なぞなぞ遊びで、それらの遊具の紹介をしましょう。

4・5 歳児向け

だい19もん

木が１本もないけれど
ここは子どもたちの
ジャングルです。
てっぺんまで行くと
気持ちいいね。
これってなあに？

こたえ

ジャングルジム

さらにこんなヒントを！

- 園の庭に建っています。四角くておうちみたいだね。
- はしごみたいにして上まで上るものだよ。

3 4・5 歳児向け

だい20もん

この坂道を
歩いて下りる
人はいません。
坂道を歩いて上ると
みんなが困ります。
これはなあに？

こたえ

すべり台

3歳児へ出すなら

階段を上って、
一番上から
おしりでしゅ～っと
すべります。
さて何でしょう？

3 4・5 歳児向け

だい21もん

山にトンネルを
掘りました。
川に水を流し、
ダムにしました。
でもその水はいつも
消えてしまいます。
ここはどこでしょう？

こたえ

砂場

3歳児へ出すなら

山もできます、
お団子もできます。
池もできますが、
水は消えてしまいます。
これは何でしょう？

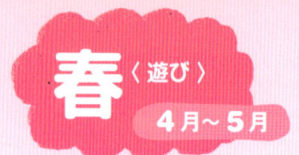

★子どもに魅力的な遊具は、危険と背中合わせ。なぞなぞをうまく利用し、遊び方を知らせましょう。遊具の正しい乗り方や危険な乗り方を、絵カードにするとわかりやすいですよ。

★園にない遊具については、散歩で公園に行ったときなどに、名前や遊び方を教えましょう。

3　4・5 歳児向け

だい22もん??

同じところを
行ったり来たり。
だんだん高くなっても
前に進むことは
ありません。
これな～んだ？

こたえ

ブランコ

3歳児へ出すなら

あっちへ、ぶうらん。
こっちへ、ぶうらん。
揺れているから
楽しいイス、
なあに？

4・5 歳児向け

だい23もん??

くるんと回っても
ぶら下がっても
足をかけても
びくともしない
棒はなあに？

こたえ

鉄棒

別の言い方もあります

初めはみんな
ぶら下がって、
ブタの丸焼きを
作ります。
これってなあに？

4・5 歳児向け

だい24もん??

きみが上がると、
ぼく、下がる。
いつまでたっても
すれちがい。
これはなあに？

こたえ

シーソー

別の言い方もあります

上に行ったり
下に行ったり
動く一本橋。
みんな座りますが
だれも渡りません。
これはなあに？

夏〈行事〉
6月～8月

夏は子どもたちが楽しみなことがいっぱい。自然にふれる機会がたくさんあり、生き物が活発に活動する季節でもあります。いろいろなものに興味を向けて。

3 4・5 歳児向け

だい25もん？？

だれかさんの
口の中で
虫が壊している家
な～んだ？
穴があいたら
痛いですよ。

こたえ

虫歯

3歳児へ出すなら

甘いものを
たくさん食べて
お掃除しないと
増えてしまう
黒いもの。
これってなあに？

4・5 歳児向け

だい26もん？？

ノッポさんと
おちびさんが、
いつも追いかけっこ。
チクタクチクタク
忙しい。な～んだ？

こたえ

時計

別の言い方もあります

1日の中の、今が
いったいいつなのか
数字や針が
教えてくれます。
これってなあに？

4・5 歳児向け

だい27もん？？

家族みんなが、
お父さんに
「ありがとう」って
言うのは、何の日？

こたえ

父の日

さらにこんなヒントを！

- お父さんに「ありがとう」って言う日は何の日かな？
- ハがふたつ並ぶとハハ。チがふたつ並ぶと？

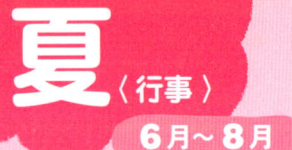

保育に生かせるヒント！

★6月4日は「虫歯予防デー」。なぞなぞで歯に関心を向け、じょうぶな歯にするノウハウを意識させたいですね。歯の磨き方やいつ磨くかなどを伝え、習慣化しましょう。

★6月10日の「時の記念日」には、ぜひ時計のなぞなぞで導入を。

4・5 歳児向け

だい28もん

いつもは家に帰るのに
この日だけは特別。
おうちの人のお迎えは
明日のお楽しみ。
さて何の日でしょう？

こたえ

お泊り会

さらにこんなヒントを！

- この日は先生と子どもだけ。家ではなくて、○○園で晩ごはんを食べます。夜はちょっと恐いけど、楽しいことがいっぱい！

3　4・5 歳児向け

だい29もん

真っ暗闇の
夜中が大好き。
ひゅーどろどろって
出てきます。
何でしょう？

こたえ

おばけ

3歳児へ出すなら

首をのばしたり
だれかを
凍らせたりして
みんなに「キャーッ」
と言われちゃいます。
これな～んだ？

4・5 歳児向け

だい30もん

短冊に
願いを書いて
ササに付け、
晴れますようにって
空を見る。
今日は何の日？

こたえ

七夕

さらにこんなヒントを！

- 7が付く日のお祭りだよ。
- 織り姫様と彦星様が、天の川を渡って1年に1度だけ会う日です。

夏
行事

夏〈行事〉6月～8月

保育に生かせるヒント！

★夏の風物詩のお祭りや花火は、子どもも大人も心が躍ります。より楽しみになるよう気持ちを盛り上げていきましょう。

3 4・5 歳児向け

だい31もん？？

夜になったら、
音を出しながら
きれいに
咲く花はな～んだ？

こたえ

花火

3歳児へ出すなら

咲いた、咲いた。
夜の空に、大きな
花が咲きました。
これってなあに？

4・5 歳児向け

だい32もん？？

夏祭り、
力を合わせて
かつぐもの
な～んだ？

こたえ

おみこし

別の言い方もあります

お祭りのときだけ
みんなにかつがれて
町を行進。
これな～んだ？

3 4・5 歳児向け

だい33もん？？

水がいっぱい
入っていますが、
お風呂でも
池でもありません。
暑い日に入ると
気持ちがいいよ。
ここはどこ？

こたえ

プール

3歳児へ出すなら

水の中で
ワニになったり
魚になったり。
元気いっぱい
遊べるところは？

★「先生が夏休みにどんなことをしたか、なぞなぞにするから答えてね」と呼びかけ、まずは子どもたちをなぞなぞ遊びに引き付けます。「今度は○○さんが楽しかった思い出をなぞなぞにしてね」と、順繰りに進めていきます。ジェスチャーを交えるといっそう楽しめますよ。

4・5 歳児向け

だい 34 もん??

山や川や湖や
自然の中で
テントを張って
眠ります。
これってなあに？

こたえ

キャンプ

さらにこんなヒントを！

- たき火でご飯をたいたり、川で魚を釣ったりするかもしれませんね。
- 夏休みに行ったことがある人もいるかも。

4・5 歳児向け

だい 35 もん??

外から見ると三角で
中に入ると四角いよ。
畳めて運べる
小さいおうち、
な～んだ？

こたえ

テント

さらにこんなヒントを！

- キャンプに行くと使うよ。
- 布でできている小さなうちだよ。

4・5 歳児向け

だい 36 もん??

ゆかた着て
うちわを持って、
太鼓に合わせて
踊ります。
何でしょう？

こたえ

盆踊り

さらにこんなヒントを！

- 夏祭りやお盆に踊る踊りだよ。
- ちょうちんを下げたやぐらの周りを回るんだよ。

夏〈生き物〉

6月〜8月

保育に生かせるヒント！

★夏は、生き物をじっと観察したりエサをあげたりする機会に恵まれる季節です。小さな命を大切にできるような言葉がけを。

3 4・5 歳児向け

だい37もん？？

いつも、家に
帰りたがっている
生き物、な〜んだ。

こたえ

カエル

3歳児へ出すなら

赤ちゃんのときは
水の中。
大きくなったら
ピョンピョンはねる。
大きな口の
わたしはだあれ？

3 4・5 歳児向け

だい38もん？？

いつも片目を
つぶっている
生き物なあに？

こたえ

カタツムリ

3歳児へ出すなら

雨の日に
家をしょって
散歩している
ゆっくりさん、だあれ？

3 4・5 歳児向け

だい39もん？？

「カ」が２匹で
横歩き。
ぼくたちの家は
浅い海辺や川の中。
さて、だれのこと？

こたえ

カニ

3歳児へ出すなら

大きなハサミを
振り回し、
８本足で横歩き。
これな〜んだ？

★生き物の動きや生態、すんでいるところをなぞなぞにすると、興味が広がるでしょう。

★なぞなぞのあとは、それらの生き物になりきって、音楽に合わせて全身を動かして遊んでも楽しいですよ。

4・5歳児向け

だい40もん

「世界（せかい）」の
真ん中にいる
虫はな～んだ？

こたえ

カ

別の言い方もあります

高い声で
鼻歌を歌いながら、
人の血を吸う
嫌われ者、なあに？

4・5歳児向け

だい41もん

鳴き終わって
飛ぶときのあいさつは
おしっこ、ピッ。
夏うまれの
ぼくはだれ？

こたえ

セミ

さらにこんなヒントを！

- 大人になるときに、ぬけがらができます。
- 子どもは地面の中にいて、大人になると木に上ります。

4・5歳児向け

だい42もん

けんかが強い
夏の虫の王様じゃ。
でも甘い蜜が
大好物。
さて、わしは
だれじゃろう？

こたえ

カブトムシ

さらにこんなヒントを！

- 昼間は寝ていて、夜になると木の蜜をなめにやってくるよ。
- オスは太い角を持っているよ。

夏〈自然〉6月～8月

保育に生かせるヒント！

★子どもたちは雨が大好き。「雨のあとに現れるのは？」と、虹や水たまりのなぞなぞを出すと楽しいでしょう。

3 4・5 歳児向け

だい43もん？？

黒い雲がもくもくと
空をすっかり
おおったら、
さあ、おれたちの
出番だぞ。みんなを
びしょぬれにする
おれたちはな～んだ？

こたえ

雨

3歳児へ出すなら

空が泣いているよ。
シトシト、ポツポツ。
だんだんなみだが
大粒になってきた。
これってなあに？

4・5 歳児向け

だい44もん？？

今、何時？
時計を見ても
だめですよ。
空を見てごらんなさい。

こたえ

虹

さらにこんなヒントを！

- 雨のあと、空に架かる七色の橋だよ。
- 1時の次は何時？

3 4・5 歳児向け

だい45もん？？

雨が降ると現れて、
晴れるとさっさと
消えちゃうもの、
なあに？

こたえ

水たまり

3歳児へ出すなら

長靴履いて
バチャバチャ入ると
楽しいね。
わたしはなあに？

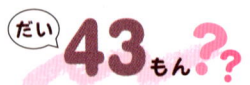

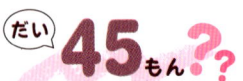

★季節や自然のいろいろな変化に気づかせ、その不思議さを体感できるよう言葉をかけましょう。

★雷や入道雲など、その日の天候とタイミングを見てなぞなぞを出し、考える楽しさを伝えましょう。

4・5 歳児向け

だい 46 もん

黒い雲の上で、
ピカピカゴロゴロ、
音や光を出して
怒っているのは
だあれ？

こたえ

雷

さらにこんな ヒントを！

- おへそが大好物なんだって。
- これが鳴ったら、雨がザーッと降るよ。

4・5 歳児向け

だい 47 もん

夏の空に、
もくもく現れる
雲の王様。
大雨引き連れ、
やってくる。
な～んだ？

こたえ

入道雲

さらにこんな ヒントを！

- 空を見てごらん、あそこにある大きな白い雲のことだよ。
- 大きな大きな、ソフトクリームみたいな雲だよ。

3 4・5 歳児向け

だい 48 もん

青くて大きな、
魚さんたちのおうち。
近いところは浅くて
遠くはとっても深い。
これはなあに？

こたえ

海

3歳児へ 出すなら

波がざぶーん、
なめたらしょっぱい
水がある
広い広いところ。
どこだかわかる？

夏〈自然・植物〉

6月～8月

保育に生かせるヒント！

★いろいろな名前の星がある、星の話もある、宇宙探検も夢じゃない…。子どもたちの夢や希望につながり興味を持つきっかけづくりに。

3　4・5　歳児向け

だい49もん？？

「ものほし」にも
「うめほし」にも
付いているもの
なあに？

こたえ

星

3歳児へ出すなら

夜の空に、小さな
電気をつけましょう。
キラキラキラキラ
きれいだね。何かな？

4・5　歳児向け

だい50もん？？

スーッ、スーッと
空をすべるのが
大好きなお星様、
な～んだ？

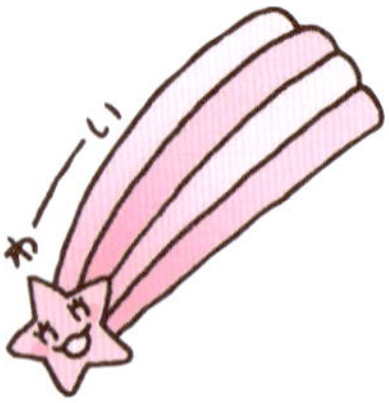

こたえ

流れ星

別の言い方もあります

夜空でわたしを見たら
お願い事を
言ってみて。
かなえてあげる！
わたしは、だあれ？

4・5　歳児向け

だい51もん？？

星がいっぱい集まって
大きな川になりました。
カササギの橋が
架かるのはどこ？

こたえ

天の川

さらにこんなヒントを！

- 織り姫様と彦星様の間に、天の神様が作った川だよ。
- 頭に「あ」が付きます。

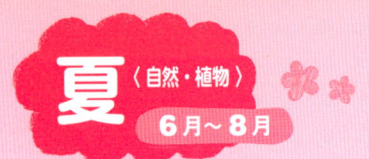

★宇宙という未知の世界への探究心の芽を、なぞなぞを通して育てましょう。

★園で育てている花や、散歩で見た花などを思い出せるよう、なぞなぞを出しましょう。花の名前を覚えるきっかけにもなりますよ。

3　4・5　歳児向け

だい52もん

にょろにょろのびた
つるの先には
赤や青のラッパが
咲きます。な～んだ？

こたえ

アサガオ

3歳児へ出すなら

朝、ガオッて
ほえて咲く花なあに？
（あさ、ガオッ。あさ、
ガオッ…）

4・5　歳児向け

だい53もん

サイはサイでも、
アジのあるサイです。
でも動物じゃないよ。
雨の季節に咲く
この花なあに？

こたえ

アジサイ

さらにこんなヒントを！

- 小さい花がたくさん集まって、まあるくなっています。
- 葉っぱにカタツムリが乗っているかもしれません。

3　4・5　歳児向け

だい54もん

黄色い縁取り
きれいでしょ。
背筋をピンッと
伸ばして、
きみと背比べしよう。
ぼくはだれ？

こたえ

ヒマワリ

3歳児へ出すなら

大きな顔の黄色い花。
今日もお日様と
「あっぷっぷ！」と
にらめっこ、なあに？

夏〈食べ物〉

6月～8月

保育に生かせるヒント！

★夏のおいしい食べ物を考えてみましょう。それはいつどんなところで食べたのか、子どもたちに話してもらうといいですね。

3 4・5 歳児向け

だい55もん？？

イカはイカでも、
畑にいるイカ。
とってもイカス、
イカですよ。
何でしょう？

こたえ

スイカ

3歳児へ出すなら

緑と黒のしま模様。
真っ赤な顔に
黒い種が
てんてんてん。
これはなあに？

4・5 歳児向け

だい56もん？？

この果物から
うまれた男の子は
鬼退治できるほど
強くなりました。
この果物な～んだ？

こたえ

モモ

さらにこんなヒントを！

- ピンク色でまあるいものだよ。
- ウシの鳴きまねをしてみましょう。はい、モ～モ～…。

4・5 歳児向け

だい57もん？？

白くて細い
わたしたち。
じょうずにすくって
食べてくださいよ。
これな～んだ？

こたえ

そうめん

別の言い方もあります

白いやせっぽちさんが
箱に並んで寝ています。
お湯に入る前は、
たった１本の帯を
みんなでしめています。
な～んだ？

★お祭りの屋台の食べ物はとっても魅力的。なぞなぞのあとは、食べ物の絵を描いたり屋台ごっこをしたりしてもいいでしょう。

★夏の食べ物の絵を描いてみましょう。なぞなぞでテーマを伝えると楽しいでしょう。

3　4・5 歳児向け

だい58もん？？

イスはイスでも
冷たいところが
大好きで、
暑いところは大嫌い。
あっという間に
とけちゃうからです。
これってなあに？

こたえ

アイス

3歳児へ出すなら

冷たくて甘くて
おいしい、
頭に「ア」の付くもの
なあに？

4・5 歳児向け

だい59もん？？

甘くてふわふわしてて、
空の雲みたい。
綿は綿でも、
食べられる綿は
なあに？

こたえ

綿あめ（綿菓子）

さらにこんなヒントを！

- お祭りに行くと買えますよ。
- 棒でくるくる巻き取ります。

3　4・5 歳児向け

だい60もん？？

下は氷。
上は赤や黄色の
お花畑。な〜んだ。

こたえ

かき氷

3歳児へ出すなら

氷にあまーいシロップを
かけましょう。
イチゴ味、ミルク味、
メロン味…。
冷たくっておいしいよ。
な〜んだ？

夏〈遊び・生活〉

6月～8月

保育に生かせるヒント！

★水遊びやシャボン玉遊びは子どもたちに大人気。遊ぶ前になぞなぞを出して、気分を盛り上げましょう。

4・5 歳児向け

だい61もん

ドーナツみたいだけど、
食べられません。
プールや海で
よく使う輪っか
なあに？

こたえ

浮き輪

さらにこんなヒントを！

- 空気で膨らませて使うものです。
- 真ん中の穴には、ぼくやわたしが入ります。

3 4・5 歳児向け

だい62もん

風船みたいに
空を飛び、
あぶくみたいに
触ると割れる。
わたしはなあに？

こたえ

シャボン玉

3歳児へ出すなら

ふわふわ飛んで、
パチンと消える
まん丸さん、なあに？

3 4・5 歳児向け

だい63もん

ツクツクボウシも
持っています。
一寸法師も
持っています。
それってなあに？

こたえ

帽子

3歳児へ出すなら

出かけるときは、
いつも
ぼく（わたし）の
頭の上で、
お空とにらめっこ。
これってなあに？

★ツクツクボウシや一寸法師を、紙に字で書いて見せて、どこに「ぼうし」があるか探しましょう。

★どんなことをしたら涼しくなるかな？　おうちにはどんなものがあるかな？　なぞなぞで当てるのも楽しいですね。

4・5 歳児向け

だい64もん？？

夏に大活躍。
一本足で、
羽根はあるけど
飛べません。
これなあに？

こたえ

扇風機

さらにこんなヒントを！

- みんなに風を送るため、いつもくるくる回っています。
- あっちを向いたり、こっちを向いたりしているときもあります。

4・5 歳児向け

だい65もん？？

細い首に平らな顔。
だれかさんと
いっしょに、
涼しい風を
作るのが仕事です。
わたしはなあに？

こたえ

うちわ

さらにこんなヒントを！

- 手に持って使うものです。
- お祭りに行くと、持っている人がたくさんいますよ。

4・5 歳児向け

だい66もん？？

風がないと鳴りません。
鈴がないと鳴りません。
ぶら下げられて
歌います。
さて何でしょう？

こたえ

風鈴

別の言い方もあります

鈴は鈴でも、
夏の間だけ
おうちの外で
活躍するよ。
な〜んだ？

秋〈行事〉

9月～11月

心身共に充実の秋。なぞなぞで、お月見や運動会などの行事へのわくわく感を高めていきましょう。

3 4・5 歳児向け

だい67もん

どこに行っても
ぼく（わたし）に
ついてくる
夜空に輝いているもの
なあに？

こたえ

月

3歳児へ出すなら

夜空で、
時々バナナ、
時々ホットケーキに
変身します。
わたしはなあに？

3 4・5 歳児向け

だい68もん

ウサギが、
カメともう一度
勝負したいのは、
何だと思う？

こたえ

かけっこ

3歳児へ出すなら

一列に並んで、
よーいどん！
な～んだ？

4・5 歳児向け

だい69もん

玉を入れれば
入れるほど勝ち。
でも相手のカゴに
入れてはだめ。
これは何？

こたえ

玉入れ

さらにこんなヒントを！

- ふだんはあまりしません。運動会でやるものです。
- 真ん中にいる先生は、時々痛い思いをします。

保育に生かせるヒント！

★お月見は、十五夜の晩にススキを飾り、団子やサトイモなどをお供えして、収穫の恵みを感謝する行事です。

★10月10日は「目の愛護デー」。目の大切さや、目の不自由な人への思いやりに気づけるといいですね。

4・5 歳児向け

だい70もん？？

あっちとこっちで
引っ張り合い。
後ろに下がった
ほうが勝ち。
これって何のこと？

こたえ

綱引き

別の言い方もあります

長い綱が、
右と左に引っ張られて、
痛い痛いと悲鳴を
あげているよ。
これって、なあに？

3 4・5 歳児向け

だい71もん？？

寝るときは
ふたをします。
顔に付いてる
小さな窓ふたつ
な～んだ？

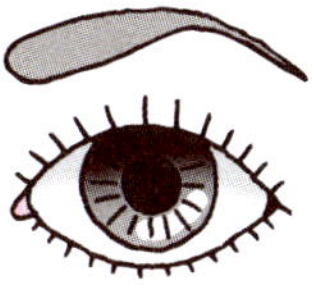

こたえ

目

3歳児へ出すなら

びっくりすると
まん丸になって、
悲しくなると細くなる。
眠ると見えなくなる
もの、なあに？

4・5 歳児向け

だい72もん？？

土の中から
ゾロゾロ出てくる
細長、太っちょ、
おちびさん。
今日は何をする日？

こたえ

イモ掘り

さらにこんなヒントを！

- 秋にしかできません。
- 終わったあとに、おいしいお楽しみがあります。

秋〈自然・生き物〉

9月～11月

保育に生かせるヒント！

★気象・日射し・自然の変化を、子どもたちはどんな表情や言葉で表現するのでしょう。まなざしの先に秋を見つけましょう。

4・5 歳児向け

だい73もん？？

ぐるぐる渦巻きの
大きな雲のかたまりが
ゴーゴーすごい風と
ザアザアすごい雨を
連れてきた。
何のこと？

こたえ

台風

さらにこんなヒントを！

- 夏になると、南の海のほうからだんだんこっちにやってきます。
- この前、○号ができましたね。

4・5 歳児向け

だい74もん？？

明るいときは
「ついてこないで」
って言っても
ついてくるのに、
暗くなると
見えなくなるものは？

こたえ

影

別の言い方もあります

ネコにもイヌにも
電信柱にもわたしにも
ある黒いもの。
大きくなったり小さく
なったりするよ。
な～んだ？

3 4・5 歳児向け

だい75もん？？

赤い服着た
スマートさん。
羽をピンっと
伸ばして、
棒の先でひと休み。
な～んだ？

こたえ

赤トンボ

3歳児へ出すなら

秋になると
たくさん飛んでくる
赤い小枝みたいな虫。
これってなあに？

★散歩や戸外遊びで、子どもたちが見つけたのはどんな虫でしょう。なぞなぞで遊んだら、もっと虫のことを知りたくなるかも。子どもたちが自由に見られるところに、図鑑や絵本を用意しておきましょう。

4・5 歳児向け

だい76もん

枯れ葉の服を着て
ぶらぶら揺れて
いるのが好きな、
頭に「ミ」の付く虫
ってなあに？

こたえ

ミノムシ

別の言い方もあります

茶色い着物着て、
いつも空中ブランコ。
時には
きれいな着物も
着てみたいな。
わたしはなあに？

3　4・5 歳児向け

だい77もん

緑の服着て
ピョーンピョン、
草の中に隠れています。
でもカエルじゃないよ、
わたしはだあれ？

こたえ

バッタ

3歳児へ出すなら

緑の体に長い足、
ぼくのごはんは
草の葉っぱだよ。
ジャンプが得意な
ぼくは何かな？

3　4・5 歳児向け

だい78もん

三角顔のスマートさん。
腕が曲がってて
草刈り鎌みたいだね。
さて何でしょう？

こたえ

カマキリ

3歳児へ出すなら

草の中から
チョウチョウを
狙っている、
三角の顔で
スリムな体。
この虫なあに？

秋〈植物〉 9月～11月

保育に生かせるヒント！

★お散歩の前やあとに、なぞなぞで秋の草花探しをしましょう。

4・5 歳児向け

だい79もん??

背高ノッポの
ふさふささん。
お月見には
欠かせません。
この草はなあに？

こたえ

ススキ

別の言い方もあります

野原や土手で
長～い手を振り、
おいでおいでを
しているみたい。
ハタキみたいな
この草なあに？

4・5 歳児向け

だい80もん??

カとケの
間に咲いている
秋の花です。
みんなのおしゃべりに
耳を傾けるのが
大好き。な～んだ？

こたえ

キク

さらにこんなヒントを！

- お散歩のときに、あそこ（○○さん）の家の庭に咲いていたよ。
- お墓参りのときにも飾ります。

3 4・5 歳児向け

だい81もん??

赤ちゃんの手に
そっくりなわたし。
秋になると
赤くなるので
みんなで見に来てね。
わたしはだあれ？

こたえ

モミジ

3歳児へ出すなら

夏の間は緑の「パー」、
秋になったら
真っ赤な「パー」。
歌にも出てくる
わたしはだあれ？

★落ち葉や草花を使った製作遊びのときに、なぞなぞを出しても楽しいですね。

★文化の日を中心とした2週間は読書週間。秋の自然物が登場する話や詩、歌に親しむのもいいでしょう。

4・5 歳児向け

だい82もん??

背高ノッポの
この木は、おなかが
じょうぶです。
秋に黄色い髪に
なりますよ。
何かな？

こたえ

イチョウ

さらにこんなヒントを！

- おなかの中には何がありますか？「胃」や「腸」がありますね。
- 三角の葉っぱが付きますよ。

3 **4・5** 歳児向け

だい83もん??

ドーンって
大きな音たてて、
木から落ちてくる
クリのきょうだい
な〜んだ？

こたえ

ドングリ

3歳児へ出すなら

お池に落ちて
ドジョウに
遊んでもらったのは
だあれ？

4・5 歳児向け

だい84もん??

松の木に並んだ
茶色いげんこつ
な〜んだ？

こたえ

マツボックリ

さらにこんなヒントを！

- お散歩のとき、公園で拾ったものだよ。
- 工作で使った、丸っこくって茶色いものだよ。

秋〈食べ物〉

9月～11月

保育に生かせるヒント！

★食欲の秋です。秋の果物や行事食にふれ、食べ物の働きや、作る人への感謝の気持ちへと広げるきっかけにしましょう。

3 4・5 歳児向け

だい85もん？？

紫や緑の
まん丸さんが
1本の綱につかまって、
空中でブ～ラブラ。
これなあに？

こたえ

ブドウ

3歳児へ出すなら

小さくて丸い粒が
いっぱい付いた
果物なあに？

4・5 歳児向け

だい86もん？？

あるのに、いつも
「ない」って
言われる
果物なあに？

こたえ

ナシ

さらにこんなヒントを！

- リンゴみたいな形だよ。
- 茶色や黄色のがあるよ。

3 4・5 歳児向け

だい87もん？？

針の山の中に
茶色い三角が
仲よく並んで
座っています。
これなあに？

こたえ

クリ

3歳児へ出すなら

よく聞いて。
みんなが好きな
食べ物が入っているよ。
「ビックリ！」
な～んだ？

★ お月見や七五三などの行事にちなんだ食べ物の話をしましょう。行事への関心がより深まります。

★ 七五三などのお祝いごとのときに食べるお赤飯。ササゲやアズキでもち米を赤く染めたようすが、おめでたい気分にさせてくれますね。

4・5 歳児向け

だい88もん

森の中で
傘をさして立っている
一本足、な～んだ？

こたえ

キノコ

さらにこんなヒントを！

- 茶色い傘はとってもおいしいけれど、きれいな傘には毒があります。
- 木の子どもみたいだから…？

3 **4・5** 歳児向け

だい89もん

お月様みたいな
まん丸な顔。
たくさん重ねたり
串に刺したりしますよ。
これなあに？

こたえ

お団子

3歳児へ出すなら

手でコロコロと
丸めるよ。
白やピンクや黄緑色の
おいしい食べ物
な～んだ？

4・5 歳児向け

だい90もん

このご飯は
恥ずかしがりやさん。
茶碗の中で
赤い顔をしています。
さて何でしょう？

こたえ

お赤飯

さらにこんなヒントを！

- お祝いのときに食べるご飯だよ。
- ごま塩をかけて食べます。

冬〈行事〉

12月～2月

クリスマスにちなんだなぞなぞで、夢とドキドキ感を膨らませましょう。正月や節分など、昔からの伝統行事にも興味を持つきっかけにしたいですね。

3 4・5 歳児向け

だい91もん??

明日の朝を
楽しみに、
靴下を下げて
眠りましょう。
これって何のこと？

こたえ

クリスマス

3歳児へ出すなら

誕生日では
ないけれど、
１年に１度
プレゼントをもらって
ケーキを食べます。
何の日かな？

3 4・5 歳児向け

だい92もん??

頭には星、
足もとにプレゼント。
キラキラきれいに
飾ってもらった
わたしはだあれ？

こたえ

クリスマスツリー

3歳児へ出すなら

12 月になったら
山から下りてくる
緑色の三角さん。
きれいに
飾ってもらったよ。
な～んだ？

3 4・5 歳児向け

だい93もん??

１年に１度しか
来ないのに、
子どもたちに
大人気のおじいさん。
だーれだ？

こたえ

サンタクロース

3歳児へ出すなら

赤い帽子に赤い服、
白い袋に白いひげ。
煙突から入ってくる
おじいさんはだあれ？

保育に生かせるヒント！

★欲しいプレゼントを子どもたちがなぞなぞにして遊んでみてもいいでしょう。

★壁面装飾やツリーの飾り付けをするときに、子どもたちの欲しいものを作って飾り、クリスマスを待つのも楽しいでしょう。

4・5 歳児向け

だい94もん？？

サンタさんのソリを
引っ張るのが仕事。
鼻が赤い仲間も
いるんですよ。
ぼくはだれかな？

こたえ

トナカイ

さらにこんなヒントを！

- 北のほうの寒い国にいる動物だよ。
- 頭にかっこいい木の枝みたいな角を付けているよ。

4・5 歳児向け

だい95もん？？

雪の日に使うもの。
赤い服を着た
白いひげの
おじいさんが
乗っているかも
しれません。
これな～んだ？

こたえ

ソリ

別の言い方もあります

ひげそりにあって
かみそりにもあって、
ハサミにはありません。
何でしょう？

3 **4・5** 歳児向け

だい96もん？？

誕生日やクリスマスに
「おめでとう」や
「ありがとう」って
言って、もらったり
あげたりします。
な～んだ？

こたえ

プレゼント

3歳児へ出すなら

クリスマスの朝に
靴下の中に入って
いるかもしれません。
リボンが付いた
すてきなもの、なあに？

冬
行事

冬〈行事・食べ物〉

12月～2月

保育に生かせるヒント！

★お正月の風習にまつわるなぞなぞのあとに、「あのね…」と語り始める子どもたちの生活体験を、じっくり聞いてあげましょう。

4・5 歳児向け

だい97もん??

子どもだけがもらえて
大人はもらえません。
お正月のお楽しみ、
な～に？

こたえ

お年玉

別の言い方もあります

落とした玉を
もらったら
にこにこ顔に
なりました。
何のこと？

3 4・5 歳児向け

だい98もん??

ウサギが月で
やっています。
わたしたちも
お正月の前に
やりますよ。
何のことかな？

こたえ

餅つき

3歳児へ出すなら

ほかほかのお米を
トンカチみたいな
棒でつぶして
たたきましょう。
何をしているのかな？

4・5 歳児向け

だい99もん??

お正月のお祝いに
ゾウが2頭やってきた。
お餅が
大好きなんだって。
これって何のこと？

こたえ

雑煮

さらにこんなヒントを！

● おつゆの中にお餅を入れて食べます。お正月に食べたかな？

★雑煮は、1年の無事を祈って食べるといわれています。地方により、餅の形や味付けにさまざまな特色があります。

★節分では、豆まきをして自分の心の中の困った「鬼」を退治するんだよ、と話してみましょう。

4・5 歳児向け

だい100もん？

ハガキはハガキでも、
1年の始まりの日に
届きます。
な〜んだ？

こたえ

年賀状

別の言い方もあります

来年のことなのに
「今年もよろしく」
って書いて
出すものなあに？

3 4・5 歳児向け

だい101もん？

角が生えている
赤や青の
こわ〜いものを
みんなで
追い払う日です。
何の日かわかる？

こたえ

豆まき

3歳児へ出すなら

「おにはーそと。
ふくはーうち」が
合言葉の日って
なあに？

4・5 歳児向け

だい102もん？

お芝居をしたり、
歌手になったり、
ダンサーになったり、
みんなが
主役になる日です。
お客さんもいっぱい
来ます。何の日かな？

こたえ

生活発表会

さらにこんなヒントを！

- おうちの人が見に来る日です。
- みんなが○○（役名）になったり△△になったりする日です。

冬〈食べ物・生活〉
12月～2月

保育に生かせるヒント！

★リンゴやミカンは、３歳児でも描ける身近な食べ物です。クレヨンと画用紙を用意して、なぞなその答えを絵に描いてみても。

4・5 歳児向け

だい103もん？

どんぶりの中に
タヌキやキツネや
カモがいます。
細くて長い、
これな～んだ？

こたえ

そば

さらにこんなヒントを！

- おつゆに入っていたり、ザルに盛ってあったりします。
- １年の終わりに食べるところが多いですよ。

3 4・5 歳児向け

だい104もん？

『白雪姫』の
魔法使いが持ってきた
赤くて丸くて
おいしいもの。
何だかわかるかな？

こたえ

リンゴ

３歳児へ出すなら

赤くて丸くて
ツヤツヤで、
時々ウサギになって
お弁当の仲間入り。
これなあに？

3 4・5 歳児向け

だい105もん？

カンが３つそろったら
ツブツブ模様が
付きました。
丸くて甘くて
時々すっぱいよ。
これな～んだ？

こたえ

ミカン

３歳児へ出すなら

まあるい果物。
手でむいて
食べましょう。
鏡餅の上に乗せて
飾ることもあるよ。
な～んだ？

★「みんなを暖かくしてくれるものは何でしょう？」こんな問いかけでなぞなぞ遊びを始めてもいいでしょう。

★寒さを防ぐ工夫と、健康や安全への気づきも、なぞなぞで楽しく！

4・5 歳児向け

だい106もん

寒い日には
いっしょにお出かけ。
頭には巻かないし
おなかにも
巻かないもの
な～んだ？

こたえ

マフラー

別の言い方もあります

みんなの首に
巻き付いて、
あったかくしてくれる
ヘビさんはなあに？

3 4・5 歳児向け

だい107もん

これの名前を
逆さから言うと、
6回ぶたれちゃいます。
これなあに？

こたえ

手袋

3歳児へ出すなら

入り口がひとつで
細長い部屋が5つ。
部屋に入るのは
5人の小人。
これはなあに？

4・5 歳児向け

だい108もん

寒くなるとみんなが
集まってきて、
暑くなると
だれもいなくなる
「ブ」は？

こたえ

ストーブ

さらにこんなヒントを！

- 灯油を入れるものや、ガスや電気のもの、木を燃やすものもあります。
- 上にやかんを乗せますね。

冬〈自然〉

12月〜2月

保育に生かせるヒント！

★冷たい冬の自然も、子どもたちには魅力いっぱい！　暖かい部屋でのなぞなぞ遊びで、体験した感覚がよみがえります。

4・5 歳児向け

だい109もん？？

姿は見えないけれど、
これがくると
みんな
ブルブル震えます。
これってなあに？

こたえ

北風

さらにこんなヒントを！

- 寒い北から吹いてきて、「ひゅ〜」「ゴー」と鳴っています。

4・5 歳児向け

だい110もん？？

ピンと姿勢の
よい花です。
でも、真ん中に
「ま」が入ると
あやまってしまうの。
これはなあに？

こたえ

スイセン

さらにこんなヒントを！

- お散歩したとき、○○に咲いていたお花ですよ。
- ○○園の庭にもありますよ。とってもいいにおいがしたね。

3 4・5 歳児向け

だい111もん？？

白い妖精が
空からやってきた。
川や海に落ちると
すぐ消えてしまいます。
これはなあに？

こたえ

雪

3歳児へ出すなら

白いけれどお砂糖ではなくて、冷たいけれど氷ではありません。
な〜んだ？

★氷や霜柱を発見して感触を楽しんだら、自分たちで氷を作ってみましょう。どこに置いたら、厚く凍るかな？

★氷で遊びましょう。Ⓐ砂場の型抜きなどでおもしろい形の氷を作る。Ⓑ氷に色を付ける。Ⓒストローで息を吹きかけて穴をあける。

3　4・5 歳児向け

だい112もん

雪が積もると、
みんなが作りたくなる
白いお団子ふたつ。
重ねたら何になる？

こたえ

雪だるま

3歳児へ出すなら

お日様が苦手な
だるまさん。
だんだん小さくなって、
あーあ、消えちゃった。
な～んだ？

3　4・5 歳児向け

だい113もん

火では燃えないし
水には沈まない。
寒い日の朝に
わたしに会うことが
できますよ。
わたしはだあれ？

こたえ

氷

3歳児へ出すなら

冷凍庫の中で
カチカチになって
出番を待っています。
な～んだ？

3　4・5 歳児向け

だい114もん

寒い寒い冬の朝、
土をえいっと
持ち上げる力持ち。
昼になったら
溶けちゃうけどね。
これな～んだ？

こたえ

霜柱

3歳児へ出すなら

柱は柱でも、
靴でも簡単に
踏みつぶせる柱です。
な～んだ？

冬〈遊び〉12月～2月

保育に生かせるヒント！

★寒さを吹き飛ばす、冬の遊びのあれこれ。遊び名人はだあれ？　なぞなぞで、子どもたちのやる気をあと押しです。

3 4・5 歳児向け

だい115もん？

イヌではないけど
しっぽがあって、
空を飛ぶけど
はねがなく、手を
はなすと落ちてしまう。
これはなあに？

こたえ

たこ

3歳児へ出すなら

ぼくは空にいるけれど、
きみとは細い糸で
結ばれている。
風に乗って
高く昇るよ。
ぼくはだれかな？

3 4・5 歳児向け

だい116もん？

１本足のバレリーナ。
手やヒモで
回すのは、きみ。
回るのは、わたし。
わたしはだあれ？

こたえ

こま

3歳児へ出すなら

ヒモでくるくる
縛られて、
ポイッと
ほうり投げられる。
くるくる回る
ぼくはだれ？

4・5 歳児向け

だい117もん？

いくら押し合っても
つぶれない、
あったかくなる
まんじゅうです。
これって何のこと？

こたえ

おしくらまんじゅう

さらにこんなヒントを！

- みんなで集まって、背中やおしりで押し合いっこをします。
- 「押されて泣くな」が合言葉。

★身のこなしや感覚、リズムなど、遊びのコツをなぞなぞで表現しても。

★年齢に合わせた、楽しい手作りだこやこまを、工夫して作って遊びましょう。

4・5 歳児向け

だい118もん

ウマはウマでも、
２本足のやせっぽち。
しっぽもなくて、
パッカパッカとも
走れません。
これってなあに？

こたえ

竹馬

別の言い方もあります

ウマはウマでも
乗ったとたんに
動かないと
倒れてしまう
ウマです。
な～んだ？

4・5 歳児向け

だい119もん

あっという間に、
みんなをウサギに
してしまう遊び、
な～んだ？

こたえ

なわとび

さらにこんなヒントを！

- 前に回したり、後ろに回したりします。
- 走りながら回すこともあります。

4・5 歳児向け

だい120もん

「キライー」の
反対のスポーツ
なあに？

こたえ

スキー

別の言い方もあります

雪の上
だれかの足跡、
２本の線になって
伸びていく。
これってなあに？

早春〈行事〉 3月

ひな祭りのあとは、あっという間に卒園・進級の季節です。子どもたちも、この1年でずいぶん成長したことでしょう。成長を祝い、春の訪れを祝いましょう。

3 4・5 歳児向け

だい121もん？？

モモの花を
飾りましょう。
あられを食べて
白酒飲んで
今日は何のお祭り？

こたえ

ひな祭り

3歳児へ出すなら

今日は人形を飾って
ごちそうを
食べる日です。
何の日かな？

4・5 歳児向け

だい122もん？？

お姫様とお内裏《だいり》様。
ふたり並んで
はい、ポーズ！
これは何でしょう？

こたえ

ひな人形

さらにこんなヒントを！

- 年に一度飾ります。座る場所を間違えないでね。
- 楽器を持った人や、花やぼんぼりも並べます。

4・5 歳児向け

だい123もん？？

横から見ると、
ピンクと白と
緑の縞模様。
上から見ると、まあ、
ダイヤモンドの形。
これってなあに？

こたえ

ひしもち

別の言い方もあります

お内裏《だいり》様から
お姫様への
プレゼント、
３色のダイヤって
な～んだ。

保育に生かせるヒント！

★ 3月3日はひな祭りですが、耳の日でもあります。3の形が耳の形に似ているためです。

★ 3月はお別れの季節でもあります。小学校へ行く年長組さんを、温かく送り出しましょう。

3 4・5 歳児向け

だい124もん？？

ふたりでひと組、
あっちとこっちに
いつもいて、
一生会うことは
ありません。
これはなあに？

こたえ

耳

3歳児へ出すなら

このふたつは
いつも出しっぱなし。
うるさくなると
手でふたをします。
さて何でしょう？

3 4・5 歳児向け

だい125もん？？

年長組さんが
園のみんなに、
「ありがとう」と
「さようなら」を言う日。
今日は年長組さんが
主役です。
何の日かな？

こたえ

お別れ会

3歳児へ出すなら

お兄さん、お姉さんに、
いっぱい
「ありがとう」と
「さようなら」を言う日。
今日は何の日？

4・5 歳児向け

だい126もん？？

園の名札を付けるのも
園の帽子をかぶるのも
この日が最後です。
何の日かな？

こたえ

卒園式

さらにこんなヒントを！

- 「みんな大きくなりました。もうすぐ小学生だね、おめでとう」って、みんなに祝ってもらう日ですよ。
- 先生も泣いてしまう日。

早春
〈自然・植物〉 3月

保育に生かせるヒント！

★そよそよと暖かい風だけが春風とは限りません。ビュウビュウ吹く「春一番」もあります。風や日射しの変化を感じて。

4・5 歳児向け

だい127もん？

お花を咲かせてくれる
やさしい風ですが、
一番最初に吹くときは、
ものすごい暴れん坊。
な～んだ？

こたえ

春風

さらにこんなヒントを！

- マフラーや手袋は、もういらないよって教えてくれる風さんです。

4・5 歳児向け

だい128もん？

遠くから見ると
黄色いじゅうたん
みたいです。
チョウチョウも
たくさん飛んでくる
わたしたちは何の花？

こたえ

菜の花

さらにこんなヒントを！

- 小松菜やブロッコリーの花も、同じ名前です。
- お散歩で土手に行ったときに咲いていた、黄色い花だよ。

3 4・5 歳児向け

だい129もん？

暖かくなると、
土から
ツクツク顔を出し、
背比べする
細長くん。
これってなあに？

こたえ

ツクシ

3歳児へ出すなら

茶色い洋服を着た
ツンツクさん。
名前にクシが
かくれんぼう。なあに？

★春の草花を探してみましょう。散歩などの前になぞなぞで「これが見つかるかな？　みんなで探してみようね」と話すと、楽しみも倍増！

★見つけた草花を、図鑑や絵本で見てもいいでしょう。

4・5 歳児向け

だい130もん？

名前の中に、
オオきなイヌと
フグがかくれんぼう。
小さい花だけど、
すごいでしょ。
わたしはだあれ？

こたえ

オオイヌノフグリ

さらにこんなヒントを！

- 青紫色の小さな花。取れやすいから気をつけてね。
- 背が低くて、一度にたくさん咲きますよ。

3　4・5 歳児向け

だい131もん？

名前に「スミ（墨）」が
付いてるけれど、
わたしは黒では
ありません。
さて何の花かな？

こたえ

スミレ

3歳児へ出すなら

紫色のかわいいお花。
チャンを付けて
呼びたいわ。
な〜んだ？

4・5 歳児向け

だい132もん？

ただの草だけど、
団子にもなるし、
薬にもなるし、
お風呂に入れても
いいんだよ。
すごいだろう。
ぼくはだれかな？

こたえ

ヨモギ

別の言い方もあります

ただの草では
ありません。
緑の葉っぱの裏は、
なんと白！
びっくりさせるのが
好きなぼくは、だれ？

食べ物

なぞなぞで、子どもたちの大好きな食べ物を聞いたり、レストランごっこでウエイトレスさんに食べたいものを当ててもらったりしても楽しいですね。

3　4・5　歳児向け

だい133もん？

おじいさんが
落としちゃって
コロコロコロコロ。
これでネズミが
お餅をつきました。
さて何でしょう？

こたえ

おむすび

3歳児へ出すなら

梅干し入れて
のり巻いて、
握って作るもの
なあに？

3　4・5　歳児向け

だい134もん？

ピクニックに
持って行きたい三角形。
ハムやコロッケや
フルーツが
入っています。
な〜んだ？

こたえ

サンドイッチ

3歳児へ出すなら

パンの間に
はさまっているのは
卵かな？
チーズかな？
これなあに？

3　4・5　歳児向け

だい135もん？

お祭りの屋台で
いいにおいを
させながら
焼いているそば
って、なあに？

こたえ

やきそば

3歳児へ出すなら

そばにソースで
味を付け、
キャベツたっぷり、
ジュジュウ焼くよ。
な〜んだ？

保育に生かせるヒント！

★遠足のとき、子どもたちにとってはお弁当が一番の楽しみ！　どんなお弁当を作ってもらいたいか、どんなおかずがいいか、なぞなぞで聞いてみても。

3 4・5 歳児向け

だい136もん

スパイが
ゲットしたくなる
おいしいめんって
何でしょう？

こたえ

スパゲッティ

3歳児へ出すなら

フォークの先で
くるくる巻いて
食べたいな。
これなあに？

3 4・5 歳児向け

だい137もん

目玉焼きにも
オムレツにも
プリンにもなれる
丸いもの、なあに？

こたえ

卵

3歳児へ出すなら

ニワトリの
母さんがうんだ
白くて丸い宝物って
何かな？

3 4・5 歳児向け

だい138もん

かじるとパリッと
いい音がして、
ケチャップを
付けて食べると
おいしいよ。
な～んだ？

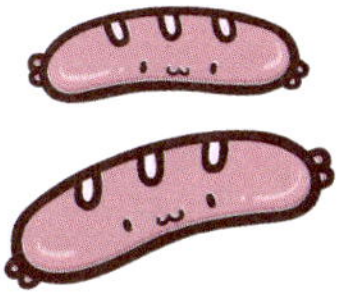

こたえ

ソーセージ

3歳児へ出すなら

フライパンで
ジュジュッと焼かれる、
細長くておいしい
お肉の棒って何かな？

食べ物

保育に生かせるヒント！

★給食やお弁当の前や、ちょっと時間があいたときなどに、おいしそうな料理のなぞなぞを出して楽しみましょう。

3 4・5 歳児向け

だい139もん？

イスはイスでも、
黄色と白でできていて、
食べると辛いもの
な〜んだ？

こたえ

カレーライス

3歳児へ出すなら

少し辛くて黄色くて
いいにおい。
ご飯の山に
トロリとかけて
食べるのなあに？

3 4・5 歳児向け

だい140もん？

油揚げ入れたら
キツネに変身する、
ツルツルしている
白いもの何だ？

こたえ

うどん（キツネうどん）

3歳児へ出すなら

白くて長くて、
おつゆの中で
泳いでいるよ、
これなあに？

3 4・5 歳児向け

だい141もん？

夏になると
冷たくなって、
姿もすっかり
変わってしまう、
ツルツル食べるもの
な〜んだ？

こたえ

ラーメン

3歳児へ出すなら

やき豚や卵を乗せて
食べましょう。
ネギも入れたら
おいしい、黄色い
おそばです。

★「先生が朝食べてきたものを当ててね」など、なぞなぞで質問してみましょう。

★昨日食べたものや今朝食べたものを、子どもたちからなぞなぞにして出してもらっても楽しいですね。

4・5 歳児向け

だい142もん？

ステッキ持った
すてきな紳士が
食べる、
お肉の料理は
何でしょう。

こたえ

ステーキ

さらにこんなヒントを！

- 分厚く切った肉を、鉄板でジュウジュウ焼いて食べるものだよ。
- ハンバーグやビーフの後ろに続く言葉だよ。

4・5 歳児向け

だい143もん？

「き」は「き」でも、
コロコロ丸い「き」。
中には赤い８本足。
なあんだ？

こたえ

たこやき

さらにこんなヒントを！

- （親指とひとさし指で丸を作り）これくらいの大きさだよ。
- お祭りの屋台でも売っているよ。

4・5 歳児向け

だい144もん？

魚だけど
泳げません。
おなかに
あんこが入った
食べ物なあに？

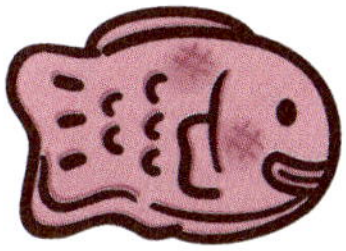

こたえ

たいやき

別の言い方もあります

この魚は
鉄板で
焼いて食べます。
甘くておいしい
魚です。な～んだ？

食べ物

食べ物

保育に生かせるヒント！

★じょうぶな体作りのためには、規則正しい生活と、バランスの良い食生活が大切。なぞなぞで、食べ物に関心を持たせたいですね。

3 4・5 歳児向け

だい145もん？

焼いたら「トースト」
挟んだら「サンド」
って、名前が変わるよ。
わたしはなあに？

こたえ

食パン

3歳児へ出すなら

四角くてふんわり。
顔の周りは全部耳。
ジャムやバターと
仲よしなぼくは
なあに？

3 4・5 歳児向け

だい146もん？

「なつ」がつくのに
冬でも食べる、
二重丸のお菓子、
これなあに？

こたえ

ドーナツ

3歳児へ出すなら

真ん中だけは
絶対に食べられない
丸いお菓子は
なあに？

4・5 歳児向け

だい147もん？

ハムスターが
スターじゃなくなると
これに変身します。
何でしょう？

こたえ

ハム

さらにこんなヒントを！

- 丸や四角でピンク色。薄く切って食べることが多いよ。
- サンドイッチに挟んだり、サラダに入れたりするよ。

★なぞなぞの答えの絵カードを用意して、子どもたちが選ぶようにするのも楽しいですね。

★ミルク（牛乳）→ヨーグルト、ミルク（牛乳）→チーズというように、ペープサートで表・裏にして、原料とできるものを示すのもいいでしょう。

3　4・5　歳児向け

だい148もん？？

ハンバーガーで、
お肉にかかった
トロ～ッとした
黄色い座布団、
な～んだ？

こたえ

チーズ

3歳児へ出すなら

ネズミが大好きな
黄色い食べ物って
なあに？

4・5　歳児向け

だい149もん？？

食べるとおなかで
大活躍！
白くてトロリン、
ミルク（牛乳）から
できた
わたしはなあに？

こたえ

ヨーグルト

さらにこんなヒントを！

- そのままだとすっぱいので、砂糖やジャムを混ぜてスプーンで食べます。

3　4・5　歳児向け

だい150もん？？

逆立ちすると
木の実になっちゃう
白い飲み物
な～んだ？

こたえ

ミルク（牛乳）

3歳児へ出すなら

冷蔵庫に入っている
白い飲み物。
ウシのおっぱいだよ。
な～んだ？

食べ物

保育に生かせるヒント！

★野菜や果物の名前も、なぞなぞで覚えれば楽しい！　いろいろな名前を知るきっかけにも。

4・5 歳児向け

だい151もん？？

悲しくないのに
なみだが出ちゃう、
みんなが泣き虫に
させられちゃう
野菜はなあに？

こたえ

タマネギ

さらにこんなヒントを！

- どんどんむいていくと、いつの間にかなくなっちゃうよ。
- 茶色い服を着ているよ。

3 ／ 4・5 歳児向け

だい152もん？？

三日月にそっくりで、
１本でも
７本（ナナホン）みたい。
これなあに？

こたえ

バナナ

3歳児へ出すなら

黄色い皮をむいたら
甘い棒が出てくるよ、
これなあに？

3 ／ 4・5 歳児向け

だい153もん？？

頭の上に棒が
付いている
双子ちゃん。
真っ赤な顔の
おいしいもの、
な〜んだ？

こたえ

サクランボ

3歳児へ出すなら

赤い実ふたつ、
ブローチみたい。
アイスのてっぺんに
乗るのが大好き。
これなあに？

★栄養別に分けるゲームも楽しいですよ。①食べ物が「エネルギーになるもの」「血や肉になるもの」「体調を整えるもの」の3つに分けられることを話します。②なぞなぞを出します。③子どもたちに「答えの食べ物はどんな力になるのかな？」と質問してみましょう。

4・5 歳児向け

だい154もん？？

パパが嫌がる
果物って
何でしょう？

こたえ

パパイヤ

別の言い方もあります

パパ大好きの
反対の、
甘い果物なあに？

4・5 歳児向け

だい155もん？？

赤に紫、緑色に、
色いろいろ。
白い上に塗るけれど
クレヨンじゃないよ。
トロリと甘い
これなあに？

こたえ

ジャム

さらにこんなヒントを！

- トロトロをスプーンで広げてパクリ！　果物が変身した甘～いものだよ。

3 4・5 歳児向け

だい156もん？？

木は木でも、
果物だけでなく
チーズや
チョコレートも
なる木はな～んだ？

こたえ

ケーキ

3歳児へ出すなら

誕生日に
ろうそく並べる
まあるいお菓子は
な～んだ？
（バースデーケーキ）

食べ物

保育に生かせるヒント！

★大好きなお菓子の名前を当てたら、お菓子が出てくる話や歌に親しんでみるのも楽しいですね。

4・5 歳児向け

だい157もん？？

へいはへいでも
丸かったり
のりでくるんだり
ゴマが付いていたりする
へいはな～んだ？

こたえ

せんべい

さらにこんなヒントを！

- 1枚、2枚と数えるけれど、1枚でも千枚あるみたいな名前だよ。

4・5 歳児向け

だい158もん？？

オーブンの中で
こんがり焼かれ、
あなたのおやつに
なるわたし。
頭に「ク」が付いてます。
何かわかる？

こたえ

クッキー

さらにこんなヒントを！

- 小麦粉と、砂糖と、バターでできています。
- 丸や四角や三角に星型、いろいろな形があります。

3 4・5 歳児向け

だい159もん？？

空から降ってくる
冷たい水と同じ名前。
口に入れると
溶けちゃうよ。
ぼくはだれかな？

こたえ

あめ

3歳児へ出すなら

甘くておいしい
まん丸さん。
ペロペロなめたら
なくなっちゃった。
これなあに？

★お母さん・お父さん・おばあちゃん・おじいちゃん・きょうだいなど、自分以外の人たちの好きなお菓子が何か考えてみるよう話しましょう。このようにして、家族に関心を寄せてみるのもいいですね。

3 4・5 歳児向け

だい160もん？

あったかくなると
溶けちゃうよ。
四角い板の
わたしはだあれ？

こたえ

チョコレート

3歳児へ出すなら

銀紙をむくと
中から出てくる
甘くて茶色くて
四角いものな〜んだ？

3 4・5 歳児向け

だい161もん？

お皿の上で
ゆらゆら揺れて、
食べると
プルンプルンする
おやつはなあに？

こたえ

プリン

3歳児へ出すなら

卵色で、
ゼリーにも似ています。
頭のてっぺんが
茶色いおやつ、なあに？

4・5 歳児向け

だい162もん？

ひとつ食べても
10 個食べたような
気がする
お菓子は何かな？

こたえ

まんじゅう

さらにこんなヒントを！

- 中にあんこが入っています。
- クリが付いたり温泉が付いたりします。

食べ物

生き物

子どもたちの大好きな動物のなぞなぞです。72〜75ページでは、十二支に出てくる生き物を取り上げていますので、なぞなぞといっしょに、十二支のお話をしてみては。

3 4・5 歳児向け

だい163もん？

大きな前歯に
長いしっぽ。
すばしっこくて
かくれんぼうじょうず。
わたしはだあれ？

こたえ

ネズミ

3歳児へ出すなら

ぼくはネコが大嫌い。
何でもガリガリ
かじっちゃうよ。
ぼくはだあれ？

3 4・5 歳児向け

だい164もん？

ぼうしの中に
隠れている
動物なあに？

こたえ

ウシ

3歳児へ出すなら

角はあるけど
鬼じゃない。
白黒もいるけど
パンダじゃない。
ミルクを出します。
わたしはだあれ？

4・5 歳児向け

だい165もん？

鬼のパンツは
わたしの毛皮で
できています。
さて、わたしは
だれでしょう？

こたえ

トラ

さらにこんなヒントを！

- 工事中の看板みたいなシマシマの模様の動物だよ。
- 大きな大きなネコみたい。

保育に生かせるヒント！

★十二支に出てくる生き物で、「たつ（龍）」だけが想像上の生き物です。あらかじめ龍の出てくるお話の絵本などを読んでおいてもいいでしょう。

3　4・5　歳児向け

だい166もん？

すんでいるのは
ニンジン畑？
それともお月様？
わたしはだあれ？

こたえ

ウサギ

3歳児へ出すなら

昼寝をしている間に
カメに追い抜かれて
かけっこに負けたの、
だあれ？

4・5　歳児向け

だい167もん？

座るのが苦手な、
こわい水の神様
なあんだ？

こたえ

たつ（りゅう）

さらにこんなヒントを！

- 「座る」の反対は何でしょう？
- ウサギ年の次は、何年《なにどし》でしょう？

3　4・5　歳児向け

だい168もん？

足がなくても進めます。
大きなものでも
飲み込めます。
細くてなが～い
わたしはだあれ？

こたえ

ヘビ

3歳児へ出すなら

なが～い体で
足がない。
赤い舌ちろちろ
出しています。
わたしはだあれ？

生き物

生き物

保育に生かせるヒント！

★十二支には、身近な動物がたくさん出てきます。その動物について、図鑑や絵本を見てみるよう言葉をかけましょう。

3 4・5 歳児向け

だい169もん？？

かけっこ大好き、
遊園地では
メリーゴーラウンドに
変身、わたしはだあれ？

こたえ

ウマ

3歳児へ出すなら

ヒヒーンって鳴いて
パカパカ走るよ。
ニンジン大好きな
ぼくはだあれ？

4・5 歳児向け

だい170もん？？

ふわふわの
雲みたいな毛の動物
なあんだ？

こたえ

ヒツジ

さらにこんなヒントを！

- この動物の毛で、セーターやマフラーを編むことができます。
- ヤギに似ているけど違います。

3 4・5 歳児向け

だい171もん？？

いつ来ても
顔を赤くして
すぐに帰っちゃう
動物はなあに？

こたえ

サル

3歳児へ出すなら

人まね得意で、
怒ると引っかく
いたずら好き
だ〜れだ？

★「ぼくは戌《いぬ》年うまれだよ、先生は？」「来年は辰《たつ》年だよね」といった会話は、保育室でも聞こえてきます。子どもたちは、動物のイメージが生活の中で身近なものとして生きていることを、興味深く感じるのではないでしょうか。

3 4・5 歳児向け

だい172もん？？

1羽でも
2羽いるような、
庭にいる鳥です。
さて何でしょう？

こたえ

ニワトリ

3歳児へ出すなら

頭に赤い帽子をかぶり
黄色い子どもを
引き連れて
庭をお散歩してる鳥
な～んだ？

3 4・5 歳児向け

だい173もん？？

桃太郎と出かけたり、
「ここ掘れワンワン」って
おじいさんに教えたり。
昔話によく出てくる
わたしはだあれ？

こたえ

イヌ

3歳児へ出すなら

お世話をしてくれる
人が大好き。
散歩に行くのが
大好きな
ぼくはだあれ？

4・5 歳児向け

だい174もん？？

かけっこは速いけれど
急には曲がれない。
キバがあるので
ちょっと恐いよ。
わたしはだあれ？

こたえ

イノシシ

さらにこんなヒントを！

- ブタに似ていますがブウブウ鳴きません。
- ブタに似ていますが、毛がフサフサとたくさん生えています。

生き物

生き物

保育に生かせるヒント！

★子どもたちの好きな動物のなぞなぞは、すぐに答えがわかってしまうかも。77ページのように出し方や答え方をひと工夫して。

3　4・5　歳児向け

だい175もん？？

寒いの大嫌い！
冬はこたつで
丸くなるのが好き。
わたしはだあれ？

こたえ

ネコ

3歳児へ出すなら

魚が好きで
黒白にシマシマ、
模様もいろいろ、
だれかにゃあ？

3　4・5　歳児向け

だい176もん？？

郵便屋さんに
なったらたいへん、
手紙をみ～んな
食べちゃうよ。
わたしはだあれ？

こたえ

ヤギ

3歳児へ出すなら

ミルクを出して
角があるけど
ウシではないよ。
ひげがあるけど
おじいさんでもない、
わたしはだあれ？

4・5　歳児向け

だい177もん？？

耳はうちわ、
足は丸太、
鼻はなが～い
腕みたい。
この動物な～んだ？

こたえ

ゾウ

さらにこんなヒントを！

- 「だれが好き？」と聞かれたら、「母さんが好き」と答える動物だよ。

★ひと工夫①動物の絵が描いてあるカードを並べ、答えがわかったら選んで持ち上げる。
★ひと工夫②動物のカードを裏返しにして並べ、めくって答えの動物を見つける。
★ひと工夫③鳴き声やジェスチャーで答える。

3 4・5 歳児向け

だい178もん？

角があっても
鬼じゃない。
ノッポで足長、
だあれ？

こたえ

キリン

3歳児へ出すなら

背比べしたら
一番ノッポで、
黄色に茶色の模様が
すてきな動物なあに？

4・5 歳児向け

だい179もん？

寒くなったら
冬ごもり。
黒くて大きい
森の動物ってなあに？

こたえ

クマ

さらにこんなヒントを！

- 森の中で会った女の子に、「お逃げなさい」って言ったのだあれ？

3 4・5 歳児向け

だい180もん？

ふさふさのたてがみ
りっぱだね。
ひと声ほえれば
みんなブルブル。
動物の王様はだあれ？

こたえ

ライオン

3歳児へ出すなら

顔の周りは
ふさふさたてがみ、
ガオーッとほえるよ、
これだあれ？

生き物

保育に生かせるヒント！

★お話や歌にも登場する動物たち。答えがわかったら、どんなお話や歌に出てくるか、話したり歌ったりしてみましょう。

3 4・5 歳児向け

だい181もん？

長くてつよ〜い
しっぽが自慢。
大きなポケットを
持っている
わたしは
だれでしょう？

こたえ

カンガルー

3歳児へ出すなら

おなかのポケットに
赤ちゃん入れて、
ピョンピョン
はねるのだあれ？

4・5 歳児向け

だい182もん？

おなかに乗せた
貝を石でカンカンカン。
いたずらで
割っているんじゃ
ないよ。
ぼくはだあれ？

こたえ

ラッコ

さらにこんなヒントを！

- 海にぷかぷか浮いています。
- 海草を体に巻き付けて眠ります。
- 寒い海にすんでいます。

3 4・5 歳児向け

だい183もん？

黒いサングラスが
お似合いで、
ササが大好物な
パンってなあに？

こたえ

パンダ

3歳児へ出すなら

シロクマの
目玉と手足を
真っ黒に塗ったら
大変身！
これだあれ？

★おもしろい姿や生態の生き物に興味を示したら、さらに関心を広げる環境を用意しましょう。
★子どもたちの興味・関心に合わせた図鑑や絵本を、自由に見られるようにしておきましょう。
★テーマを持って、図書館などに出かけてみるのも楽しいでしょう。

4・5 歳児向け

だい184もん

ガラス（のガ）から
点々を取ったら
鳥になりました。
何になったでしょう？

こたえ

カラス

別の言い方もあります

真っ黒なのに
夜は苦手。
いつも
かあさん呼んでいる
この鳥な～んだ？

4・5 歳児向け

だい185もん

飛べないけれど
泳ぎは得意。
白黒の服がお似合いな、
魚取りの名人です。
この鳥な～んだ？

こたえ

ペンギン

さらにこんなヒントを！

- 南極などにすんでいます。
- たくさん集まって、赤ちゃんを育てたり冬を越したりします。

3　4・5 歳児向け

だい186もん

大きな目に
するどいつめ。
ぼくは夜が大好きさ。
音を立てずに飛ぶよ。
さて何でしょう？

こたえ

フクロウ

3歳児へ出すなら

ホウホウ鳴いて、
大きな目玉を
くるくるくる。
森を見守る
これだあれ？

生き物

保育に生かせるヒント！

★大きさや形、生態の異なる生き物は、どんなところにすんでいるのでしょう。なぞなぞは、その特徴を際立たせてくれます。

3 4・5 歳児向け

だい187もん？

今、何時？ と
聞かれたら、いつも
9時と答えます。
海にすんでる
わたしはだあれ？

こたえ

クジラ

3歳児へ出すなら

海にいる潮吹き名人。
黒くて大きくて、
大きな口で笑います。
な～んだ？

4・5 歳児向け

だい188もん？

こたつの中で
逆立ちしている、
海の生き物
な～んだ？

こたえ

タコ

別の言い方もあります

8本足ですが
横歩きとは限りません。
体がとっても
柔らかい
わたしはなあに？

3 4・5 歳児向け

だい189もん？

ウサギと走ったり、
太郎と潜ったり、
あちこちのお話で
大活躍、これなあに？

こたえ

カメ

3歳児へ出すなら

びっくりしたら
首も手も足も
引っ込めて
石に変身！
ぼくはだあれ？

★大きな紙に、海・川・池・陸地などを描いたものを用意し、なぞなぞに出てきた生き物のカードを合う場所にはってみましょう。

★大好きな生き物を主人公にしたお話を、みんなで作ってみましょう。

4・5 歳児向け

だい190もん

お祭りですくった
人気者。
赤や黒のドレス着て
水の中で踊ってる。
な～んだ？

こたえ

金魚

別の言い方もあります

「きん」だと言うのに
赤い服。
水槽の中で
泳いでいるの
なあに？

3 4・5 歳児向け

だい191もん

ぼくらが10匹
集まると
だれかにお礼を
言いたくなっちゃう。
小さな力持ちだよ。
な～んだ？

こたえ

アリ

3歳児へ出すなら

小さいけれど力持ちで、
列を作ってエサ運び。
庭に小さい穴が
あったら、それは
この虫の家ですよ。
この虫な～に？

4・5 歳児向け

だい192もん

なが～い手足で
あやとりしましょう。
あやとりの糸は
わたしのおうち。
わたしはなあに？

こたえ

クモ

さらにこんなヒントを！

- 足が8本あるけれどカニじゃないよ。
- おしりから糸を出して家を作ります。

乗り物

働く乗り物は、子どもたちを引き付けてやみません。おおぜいが集まる場面でも、保育室でゆったりほっこりしたいときでも、いつでも大活躍まちがいなしです。

3 4・5 歳児向け

だい193もん？

白と黒の体で見回り、
サイレン鳴らして
みんなを守る。
これなあに？

こたえ

パトカー

3歳児へ出すなら

おまわりさんを乗せて、
ピーポーピーポー、
って走る車はなあに？

3 4・5 歳児向け

だい194もん？

赤信号でも
止まらずに、
スピード上げて
病院に急ぐ車は
なあに？

こたえ

救急車

3歳児へ出すなら

けがや病気の人を
乗せて、急いで走る
車はなあに？

3 4・5 歳児向け

だい195もん？

ゾウやキリンに
変身して、
火を消す赤い車です。
何かな？

こたえ

消防車

3歳児へ出すなら

カンカンカン、
ウーウーウー、
サイレン鳴らし
火事を消しに行く
赤い車はなあに？

保育に生かせるヒント！

★働く自動車が出てくる歌（『はたらくくるま』など）といっしょに活用してもいいでしょう。
★防災訓練などの前に「今日はこの車が来ます」と、なぞなぞで期待感を盛り上げても。

3　4・5 歳児向け

だい196もん？

毎日決まった
道を走って、
みんな乗り降り。
これなあに？

こたえ

バス

3歳児へ出すなら

ピンポーン
次、止まります。
みんなが乗り降りする
車はなあに？

4・5 歳児向け

だい197もん？

頭に光る帽子乗せ、
お客さんがいれば
どこでも止まる車です。
これなあに？

こたえ

タクシー

さらにこんなヒントを！

- 手を上げると止まってくれて、ドアがスーッと開いて、行きたいところへ乗せて行ってくれるよ。

3　4・5 歳児向け

だい198もん？

名前にトラが
かくれんぼう。
力持ちの車です。
何でしょう？

こたえ

トラック

3歳児へ出すなら

いろいろなものを
背中に積んで、
元気良く走る
大きな車はなあに？

乗り物

保育に生かせるヒント！

★電車ごっこなどにつなげても楽しいですし、図鑑などをみんなで見てもいいですね。

4·5 歳児向け

だい199もん？

走っているのに
座っている。
止まるとすぐに
倒れてしまう。
これってなあに？

こたえ

自転車

さらにこんなヒントを！

- エンジンは付いていませんよ。
- みんなの足を回すと進みます。

3 4·5 歳児向け

だい200もん？

たくさん並んだ
箱がゴトゴト、
２本の道を
進みます。
これってなあに？

こたえ

電車

3歳児へ出すなら

列作り、電気の力で
走る走る、何でしょう？
レールの上を走って、
駅に止まりながら
進みます。

3 4·5 歳児向け

だい201もん？

飛行機に追いつけ、
追い越せ、
ビュンビュン飛ばす
翼のない、とびきり長い
ジェット機みたいな
列車はなあに？

こたえ

新幹線

3歳児へ出すなら

速い速い、
一番速い電車だよ。
な～んだ？

★乗り物は、夢を乗せて動きます。走ります。飛んで行きます。どうやって動くの？　どこへ行くの？　だれと行くの？　なぞなぞを楽しんだあとは、子どもたちとたくさん語り合ってください。

3　4・5　歳児向け

だい202もん？

羽根があるけど
鳥じゃない、
鳥じゃないけど
飛べますよ。
大空をひとっ飛び、
これなあに？

こたえ

飛行機

3歳児へ出すなら

雲の上、
遠くの国まで
飛んで行くよ。
これなあに？

3　4・5　歳児向け

だい203もん？

おしりから
火を吹くけれど
花火じゃないよ、
宇宙を目ざす
乗り物です。
な～んだ？

こたえ

ロケット

3歳児へ出すなら

3、2、1、0、発射！
月や星を目ざして
飛び立つ乗り物、
なあに？

4・5　歳児向け

だい204もん？

じゃまものを
押しのけて、
ガガガ、ゴゴゴと
かたづける車、
これなあに？

こたえ

ブルドーザー

別の言い方もあります

車の前に、大きな
ちりとりを付けて、
道や広場を
平らにするのは
なあに？

遊び

子どもたちの身近にあるおもちゃも、なぞなぞにすることでより魅力的に！　今日は何で遊ぼうか、子どもたちを誘うときにおすすめです。

4・5 歳児向け

だい205もん？

テーブルの上で切って
みんなに分けるのに
食べられないもの
な～んだ？

こたえ

トランプ

さらにこんなヒントを！

- 王様・お妃《きさき》様・王子様が4人ずつ、手品もできますよ。
- ハートやダイヤの模様が並ぶカードだよ。

4・5 歳児向け

だい206もん？

穴だらけの先っぽから、
草花に雨を降らせるよ。
これなあに？

こたえ

じょうろ

別の言い方もあります

お花にシャワシャワ、
シャワーをかけるもの
な～んだ？

3 4・5 歳児向け

だい207もん？

家も作れます。
電車やロケットも
作れます。
丸・三角・四角が
いっぱい、な～んだ？

こたえ

積み木

3歳児へ出すなら

並べたり
積んだりして遊ぶ
木のおもちゃ
なあに？

保育に生かせるヒント！

★ みんなでいっしょに遊ぶときは…「これから遊ぶものを当ててください」「今日みんなと遊びたがっているものはこれです」

★ おもちゃが出しっぱなしのときは…「今、どこかで泣いてるものがありますよ。何かな？」

4・5 歳児向け

だい208もん？

このペットは
エサがいりません。
だっこして
ふかふかいい気持ち。
な～んだ？

こたえ

ぬいぐるみ

さらにこんなヒントを！

- 布でできた、動物や魚や鳥だよ。
- 大きさもいろいろ、並べて飾るだけでなく、抱いて眠る子もいるよ。

3 4・5 歳児向け

だい209もん？

この扉の向こうには
夢やお話がたくさん
詰まっています。
これってなあに？

こたえ

絵本

3歳児へ出すなら

寝る前に
読んでもらうのが
楽しみなのは
なあに？

4・5 歳児向け

だい210もん？

ひも付きの木の玉
振り回し、
あちこち乗せて
遊ぶものなあに？

こたえ

けん玉

さらにこんなヒントを！

- トンカチみたいな形だよ。
- 玉をぶらぶら。じょうずになれば「名人」と言われるよ。

遊び

保育に生かせるヒント！

★何をして遊ぼうか考えるときは…「これから出すなぞなぞで、当たったものにしようか」

3 4・5 歳児向け

だい211もん？

見つかるまでは
出られません。
見つかったら
出て行く遊び、
なあに？

こたえ

かくれんぼう

3歳児へ出すなら

「もういいかい」
「まあだだよ」で
始まる探しっこ遊び、
なあに？

4・5 歳児向け

だい212もん？

四角の中で、
ボールをよけて
あっちに行ったり
こっちに行ったり、
全員当たったら負け。
この遊び、なあに？

こたえ

ドッジボール

さらにこんなヒントを！

- 敵・味方、ふたつに分かれてボールを当てっこ。
- ボールが体に当たったら、外に出るのが決まりです。

4・5 歳児向け

だい213もん？

頭や胸や足は
使っていいですが
手だけは使えません。
ボールをけって
行ったり来たり。
これってなあに？

こたえ

サッカー

別の言い方もあります

大きな網の中に
ボールが入ったら
「ゴール！」って
大喜び、これなあに？

★雨のとき、室内遊びを誘うときは…「部屋の中でできる遊びだよ、これな～んだ？」

★遊びのルールやできる場所などを、なぞなぞに盛り込んでもいいでしょう。

4・5 歳児向け

だい214もん

動いたところを
鬼に見つかったら
捕まります。
後ろからそーっと
近づく遊びって
なあに？

こたえ

だるまさんがころんだ

さらにこんな
ヒントを！

- 鬼は向こうを向いて呪文をつぶやきます。
- 指を折って数えると、10文字の言葉だよ。

3　4・5 歳児向け

だい215もん

あなたがお父さん、
わたしがお母さん、
家族のまねっこ、
料理に洗濯、
赤ちゃんの世話、
これってなあに？

こたえ

ままごと

3歳児へ
出すなら

葉っぱや花を
ごちそうのように
小さな茶わんや皿に
並べて遊ぶのなあに？

4・5 歳児向け

だい216もん

すもうといっても
土俵はない。
握手で相手を
倒すんですって。
な～んだ？

こたえ

うでずもう

別の言い方も
あります

手と手を握って
はっけよい、
倒れたら負けです。
これなあに？

遊び

持ち物・文房具

子どもたちが自分で身に付けるカバンなどの持ち物を保護者に持たせていたり、あと始末をせず出しっぱなしにしていたり、そんな姿を見たら持ち物なぞなぞを出してみて。

3 4・5 歳児向け

だい217もん？

カバみたいな
大きな口で
持ち物ぜーんぶ
飲み込んじゃう、
これってなあに？

こたえ

カバン

3歳児へ出すなら

ハンカチ、ティッシュ、
連絡帳を詰めて、
園に持って行くのは
なあに？

4・5 歳児向け

だい218もん？

胸で揺れてる
わたしを見れば
だれかさんの
名前がわかります。
な～んだ？

こたえ

名札

さらにこんなヒントを！

- 自分の名前を書き込んで、胸に付けますよ。

4・5 歳児向け

だい219もん？

手を洗ったら
出てきます。
うえーんと泣いたら
出てきます。
ぼくはだれ？

こたえ

ハンカチ

さらにこんなヒントを！

- ポケットやカバンの中に隠れています。
- ペラペラで四角いものです。

保育に生かせるヒント！

★クレヨンやハサミなどを使って描いたり作ったりする前に「今日、これから使う大事なものがこの箱に入っています」となぞなぞを出し、注目させてから始めます。

4・5 歳児向け

だい220もん？

とんがり帽子の
やせっぽちさん。
紙の上で踊ったら
黒い模様ができました。
さて何でしょう？

こたえ

えんぴつ

さらにこんなヒントを！

- 真ん中が真っ黒です。
- 使えば使うほど短くなります。

3 4・5 歳児向け

だい221もん？

箱の中に並んで
寝ている小人さん。
紙の上で、
車やチョウチョウに
変身します。
これってなあに？

こたえ

クレヨン

3歳児へ出すなら

赤・青・黄色、
お絵描きするときに
使う「よん」って
何でしょう？

3 4・5 歳児向け

だい222もん？

カニも持ってる、
ヤドカリも持ってる、
きみも
持っているかな？
この道具なあに？

こたえ

ハサミ

3歳児へ出すなら

２本足で
チョキチョキチョキ。
紙を切るもの
なあに？

身の回りのもの

毎日使うイスやつくえなどを、きれいにすることを経験させたいもの。道具を大切にすることも伝えたいですね。

3 4·5 歳児向け

だい223もん？

休むときかけて、
かけても絶対前へ
進まないもの
な～んだ？

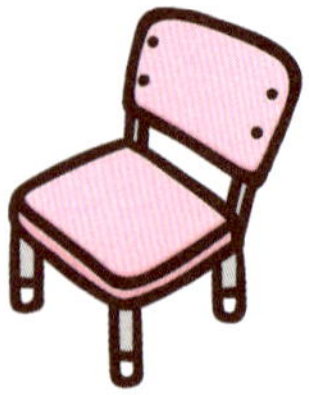

こたえ

イス

3歳児へ出すなら

おしりを乗せて
使うと楽ちん、
つくえと仲よしの
４本足ってなあに？

3 4·5 歳児向け

だい224もん？

大きな板に
足にょきにょき。
本を読んだり
絵を描いたり
するときに
出てくるものな～んだ？

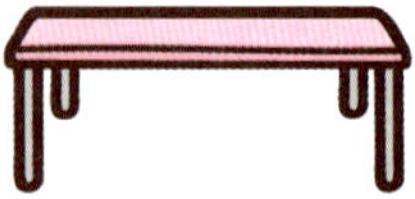

こたえ

つくえ

3歳児へ出すなら

上にお皿を並べたり
下にかくれんぼう
したりできる、
イスと仲よしのもの
って、なあに？

4·5 歳児向け

だい225もん？

化けそうだけど
化けないよ。
水をためるのと
運ぶのが
得意なわたし。
だれでしょう？

こたえ

バケツ

別の言い方もあります

丸い大きな口開けて、
水や砂を食べちゃうよ。
持ち手も付いてる
これはなあに？

保育に生かせるヒント！

★「掃除をしましょう」と呼びかけるより、「道具がなければできません。どこでもピカピカ、気持ち良くしてくれるものは何でしょう？」となぞなぞで呼びかけると、楽しく掃除ができるでしょう。

4・5 歳児向け

だい226もん？

ぎゅっとしぼると
水が出てくる
四角いゾウって
なあに？

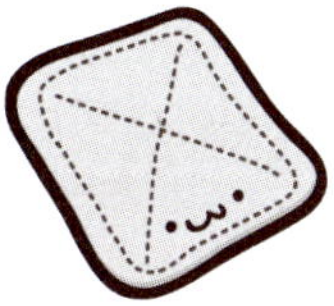

こたえ

ぞうきん

さらにこんなヒントを！

- ふくものだけど笛じゃありません。
- 窓や床がピカピカになると、こちらが汚れてしまいます。

4・5 歳児向け

だい227もん？

ごみを背中に乗せて
運んでくれる
とりってなあに？

こたえ

ちりとり

さらにこんなヒントを！

- しりとりみたいな名前だよ。
- 四角い顔で、持ち手が付いています。

4・5 歳児向け

だい228もん？

口もないのに
歯が 100 本。
木に食い付いて
まっぷたつ。
これなあに？

こたえ

のこぎり

別の言い方もあります

行ったり来たりで
木を倒す、
うすっぺらな
オレサマはな～んだ？

食器・調理器具

食器、はし、フォークなど台所グッズをなぞなぞに。道具の名前を覚えることで、子どもたちのごっこ遊びが楽しく展開していくことでしょう。

3 4・5 歳児向け

だい229もん？

ふたりのやせっぽち
おんなじ背丈、
おすもうしながら
ごはんを運ぶ。
これなあに？

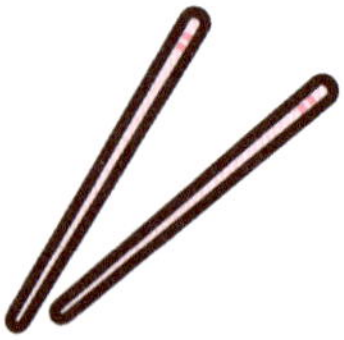

こたえ

はし

3歳児へ出すなら

1本だけでは
使えません。
2本そろって
「1ぜん」というよ。
さて何でしょう？

3 4・5 歳児向け

だい230もん？

手に持って、
刺したり乗せたり
巻いたりするよ。
これな～んだ？

こたえ

フォーク

3歳児へ出すなら

「く」とつくけれど、
とんがりは、3～4本、
ナイフと仲よしは
なあに？

4・5 歳児向け

だい231もん？

ご飯を食べるとき、
はしを持つ手の
反対の手で
持つものなあに？

こたえ

茶碗

さらにこんなヒントを！

- ごはんを盛ったり、お茶を入れたりと、食べるときに使うよ。

保育に生かせるヒント！

★はしの正しい持ち方を促すのはなかなか難しいものです。「1本だけでは使えません。2本で1ぜん。さあどう握ればいいのでしょう？」と、持ち方までなぞなぞにしてみては。

4·5 歳児向け

だい 232 もん？

丸に三角、
四角に長四角、
食べ物の座布団、
これなあに？

こたえ

皿

別の言い方もあります

回転寿司に行ったら
これの枚数で
お金を払うよ。
な～んだ？

3 4·5 歳児向け

だい 233 もん？

油を塗られて
焼かれるけれど、
食べられないパンって
な～んだ？

こたえ

フライパン

3歳児へ出すなら

ホットケーキに
目玉焼き、
焼くのが得意な
真っ黒け、
これなあに？

3 4·5 歳児向け

だい 234 もん？

頭から
水を飲んで
お湯を沸かし、
口から吐くもの
な～んだ？

こたえ

やかん

3歳児へ出すなら

丸い体に細い口、
たたくとカンカン
音がする。
水やお茶が大好きで
みんなのところに
運びます、な～んだ？

家の中にあるもの

毎日目にする部屋や道具のなぞなぞです。よく耳にする言い回しのなぞなぞもありますね。どうしてそのように言うのか、話してみてもいいでしょう。

4・5 歳児向け

だい235もん

上は大水
下は大火事
な～んだ？

こたえ

お風呂

さらにこんなヒントを！

- 今は蛇口から出たお湯をためて入ります。でも、ちょっと前までは、水を火でわかして入ったんだよ。

3 4・5 歳児向け

だい236もん

朝ごはんを
しっかり食べると
行きたくなる
小さい部屋は
どーこだ？

こたえ

トイレ

3歳児へ出すなら

おしっこが
したくなったら
おもらしする前に
ここに行きましょう！
ここってどこだ？

4・5 歳児向け

だい237もん

この坂道は
段々になっていて、
みんなが上ったり
下りたりします。
何のことかな？

こたえ

階段

さらにこんなヒントを！

- おうちの中にも、町の中にも、園にもあります。
- お散歩に行ったとき、そこでひと休みしたよ。

保育に生かせるヒント！

★子どもたちには幼児期から「早寝、早起き、朝ごはん」の生活習慣を身につけさせたいものです。そんな自覚を促す際、ユーモラスになぞなぞで考えていくのも一案。

3 4・5 歳児向け

だい238もん？

窓を開けると
ふんわり揺れます。
かくれんぼうの
ときにも大活躍。
さて何でしょう？

こたえ

カーテン

3歳児へ出すなら

わたしは大きな布。
部屋の端っこで
ゆらゆら揺れています。
お日様の光を部屋に
入れないのが仕事。
わたしはだあれ？

4・5 歳児向け

だい239もん？

上から読んでも
下から読んでも
同じ名前。
朝や夕方に
ポストに届くもの、
な～んだ？

こたえ

新聞紙

別の言い方もあります

朝起きるとポストに
入っている、
ニュースや写真が
たくさん載っている
大きな紙は
何でしょう？

3 4・5 歳児向け

だい240もん？

かけても前へ進めず、
切ってもけがはなし。
遠くの人と話せます。
さて何でしょう？

こたえ

電話

3歳児へ出すなら

すぐそばにだれも
いないのに、
耳もとで声がします。
話したいときは
リンリン鳴って
知らせるものなあに？

家の中にあるもの

保育に生かせるヒント！

★ままごと遊びでも出てくる家電製品。どういうしくみでどうやって使うのか、なぞなぞにしてもいいですね。

4・5 歳児向け

だい241もん？

中にゾウがすんでいる
冷たい箱って
な〜んだ？

こたえ

冷蔵庫

別の言い方もあります

買い物の荷物は
わたしにおまかせ。
大きな口で
ぜーんぶ食べて
あげますよ。
わたしはだあれ？

3 4・5 歳児向け

だい242もん？

見すぎると寝るのが
遅くなり、
朝起きられなくなる
ものはなあに？

こたえ

テレビ

3歳児へ出すなら

四角い額縁の中で、
歌を歌ったり
お芝居をしたり、
ニュースを読んだり
しています。な〜んだ？

3 4・5 歳児向け

だい243もん？

わたしが
働いているときは
顔に触っちゃ
いけませんよ。
ヤケドしますからね。
わたしはだあれ？

こたえ

アイロン

3歳児へ出すなら

熱〜いぼくの体で
ハンカチやシャツを
ピンと伸ばして
あげるよ。
ぼくはだあれ？

★なぞなぞの答えがわかったら、その道具が出てくる絵本などを子どもたちと読んでも楽しいでしょう。

★その道具になったつもりで、体を動かしてみてもいいですね。

4・5歳児向け

だい244もん？

縫ってくださいって
言われれば
何でも縫います。
それがわたしの
仕事です。さて、
わたしはだれでしょう？

こたえ

ミシン

別の言い方もあります

針と糸を動かして、
カタカタチクチク。
縫い物得意な
わたしはだあれ？

4・5歳児向け

だい245もん？

渦巻きぐるぐる、
汚れた
シャツやズボンの
お風呂です。
わたしはだあれ？

こたえ

洗濯機

さらにこんなヒントを！

● 汚れた洋服と洗剤を入れて、スイッチポン！きれいにしてくれる機械だよ。

4・5歳児向け

だい246もん？

長い首、小さい体、
吸い込むことなら
だれにも負けません。
これな～んだ？

こたえ

掃除機

別の言い方もあります

ゴーゴー言って
ごみを食べちゃう
お掃除大好きな
わたしはなあに？

身に付けるもの

パジャマや靴など、毎日使う見慣れたものも、なぞなぞにすると魅力的に！

3 4･5 歳児向け

だい247もん？

寝るときに使うけれど
いつも「ジャマ」だって
言われるの。
特にパパのが
ジャマなんだって。
これってなあに？

こたえ

パジャマ

3歳児へ出すなら

「お休みなさい」の
前に着る服。
みんなといっしょに
布団に入ります。
な～んだ？

3 4･5 歳児向け

だい248もん？

パンがふたつで
できていて、
足から履くもの
な～んだ？

こたえ

パンツ

3歳児へ出すなら

みんなの足が
ふたつのトンネルを
潜ります。
おむつが取れたら
履くのはなあに？

4･5 歳児向け

だい249もん？

目のいい人は
持っていません。
でも、おしゃれで
かける人もいます。
丸いレンズがふたつ。
な～んだ？

こたえ

めがね

さらにこんなヒントを！

- お父さん指とお母さん指で丸を作ってくっつけてみて。目に当てると…何になった？

保育に生かせるヒント！

★着替えや昼寝を知らせるとき、使うものを伝えるときなどにさりげなくなぞなぞを入れ、子どもたちの行為を促しても楽しいですね。

3　4・5　歳児向け

だい250もん？

乗った人が歩いて
乗った人が運びます。
双子のわたしたち
だ～れだ？

こたえ

靴

3歳児へ出すなら

右と左、
間違えずに履いて
歩けるかな？
これなあに？

3　4・5　歳児向け

だい251もん？

降ると履いて、
やむと脱ぐもの
な～んだ？

こたえ

長靴

3歳児へ出すなら

水たまり、
これを履いて
バシャバシャ
楽しいね。
これってなあに？

3　4・5　歳児向け

だい252もん？

一本足で
手がたくさん。
ぬれないように
守ってくれる
ものってなあに？

こたえ

傘

3歳児へ出すなら

雨が降ったら
わたしを持って、
パッと開いて
出かけましょう。
わたしはだあれ？

楽器

子どもたちは楽器も大好き！　手に取って使ってみる前に、楽器のなぞなぞで気分を盛り上げて。

3 4・5 歳児向け

だい253もん？

胴体だけで
中はからっぽ。
悪いことを
していないのに
いつもたたかれる。
これってなあに？

こたえ

太鼓

3歳児へ出すなら

どんなに
たたかれても平気。
楽しい音を出しますよ。
お祭りでも大活躍！
わたしはだあれ？

4・5 歳児向け

だい254もん？

ずらり並んだ木の橋を
端からたたいて
ドレミファソ、
これなあに？

こたえ

木琴

さらにこんなヒントを！

- 小さなまん丸の木のボールでたたいて、音を鳴らすよ。

3 4・5 歳児向け

だい255もん？

ふたを開けると
すてきな
音色が飛び出して、
思わず
歌いたくなるもの
な～んだ？

こたえ

ピアノ

3歳児へ出すなら

いつも白い歯を
見せて笑っている。
みんなぼくをたたくけど
ぼくはいつも
歌っている。
ぼくはだれ？

保育に生かせるヒント！

★リズム遊びや歌の前に、楽器のなぞなぞを出して、「これからその楽器の前にイスを持って並びましょう」など、これからすることをなぞなぞで伝えてもいいですね。

4・5 歳児向け

だい256もん？

カエルみたいな
顔をして
頭をたたかれると
カチカチ歌います。
これな〜に？

こたえ

カスタネット

別の言い方もあります

半開きのふたを
たたいて
音を出す
楽器はな〜んだ？

4・5 歳児向け

だい257もん？

握った輪っかに
ずらりと並び、
揺らされると
歌います。
これってなあに？

こたえ

鈴

別の言い方もあります

後ろに「め」を
付けると
鳥になって、
「ラン」を付けると
花になるのはなあに？

4・5 歳児向け

だい258もん？

真ん中は太鼓、
周りを小さな
シンバルがくるり。
この楽器はなあに？

こたえ

タンブリン

さらにこんなヒントを！

- 「パン」と鳴ったり、「シャン」と鳴ったりしますよ。
- この前、リズム遊びで使ったよね。

からだ

子どもたちは、自分の体にも興味津々です。体の部位の名前を覚えるときも、なぞなぞが役立ちます。

4･5 歳児向け

だい259もん？

ゆげはゆげでも、
目の上で
ぼわぼわしている
ゆげはなあに？

こたえ

まゆげ

別の言い方もあります

目の上に
ふたつあるけれど
鏡を使わないと
見られません。
何でしょう？

3 4･5 歳児向け

だい260もん？

顔の真ん中に
トンネルふたつ。
においの通り道
な～んだ？

こたえ

鼻

3歳児へ出すなら

だれかが
おならをしたら
慌ててつまむところは
どこだ？

3 4･5 歳児向け

だい261もん？

開けるのは、
食べるときと
しゃべるとき。
な～んだ？

こたえ

口

3歳児へ出すなら

食べ物が入ったり
言葉が出てきたり
するのはどこだ？

保育に生かせるヒント！

★ 身体計測のときなど、体の部位の役割や大切さを話すときに、なぞなぞで導入をしてみましょう。子どもたちの注意を引き付け、興味を持つきっかけになります。

3 4・5 歳児向け

だい262もん？

いつもしめっぽい
ところにいて、
出たり引っ込んだり。
これがないと
しゃべれません。
なあに？

こたえ

舌（べろ）

3歳児へ出すなら

あっかんべーを
すると、ペロッと
出てきちゃうもの
な～んだ？

3 4・5 歳児向け

だい263もん？

ピンクの布団に
白い小人が並んでる。
小人たちの仕事は
食べ物を細かくすること。
これってなあに？

こたえ

歯

3歳児へ出すなら

あなたがいないと
ものがかめません。
おぎょうぎよく
座布団に座った
白いものな～んだ？

4・5 歳児向け

だい264もん？

怒ると膨らんで、
うれしいと緩みます。
けんかのときに
つねってはいけません。
これはなあに？

こたえ

ほっぺ

さらにこんなヒントを！

- みんなの顔にふたつずつあります。
- 目でもまゆげでも耳でもないよ。

からだ

保育に生かせるヒント！

★なぞなぞの答えがわかったら、必ずその部位を触って確認するよう言葉をかけましょう。

3 4・5 歳児向け

だい265もん

２本の木に
10 本の枝。
葉も付かなけりゃ
花も咲かない
これなあに？

こたえ

手

3歳児へ出すなら

おもちゃを持ったり
おはしを持ったり
ジャンケンをしたり
するのは何かな？

4・5 歳児向け

だい266もん

腕の途中の曲がり道、
テーブルに付けると
怒られます。
これってなあに？

こたえ

ひじ

さらにこんなヒントを！

● 足なら「ひざ」、腕なら何て言うのかな？

3 4・5 歳児向け

だい267もん

ぼくたちかけっこ
大好きさ。
ぼくたちは
いつもおそろい。
ぼくたちの名前は？

こたえ

足

3歳児へ出すなら

イカには 10 本、
タコには８本
生えているよ。
これなあに？

★体のあちこちを触る遊びをしましょう。①保育者が「鼻・鼻・鼻」と言って、自分の鼻を３回触ります。②保育者が「ひじ」「ひざ」など体の部位を言って、子どもたちはそこを触ります（保育者は、②で言った部位と違うところを触り、引っ掛けてもいいです）。

3　4・5　歳児向け

だい268もん？

チョキは2、
グーは0、
パーは5。
伸びたり曲がったり、
さて何でしょう？

こたえ

指

3歳児へ出すなら

お父さん、お母さん、
お兄さん、お姉さん、
それから赤ちゃん。
5人並んでこっちを
見ています。な〜んだ？

4・5　歳児向け

だい269もん？

あなたなら座れる。
イヌやネコも座れる。
わたしだけが
座れないところは
何かな？

こたえ

ひざ

さらにこんなヒントを！

- 座ると出っ張るところだよ。
- ひじと似ているけど、ひじじゃないよ。

3　4・5　歳児向け

だい270もん？

お母さんのは
大きくて、
お父さんのは
小さいもの
なあに？

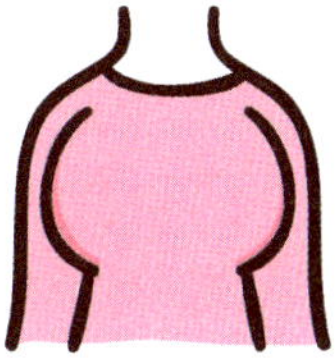

こたえ

おっぱい

3歳児へ出すなら

赤ちゃんが
チュパチュパ吸って
飲む、お母さんに
ふたつあるもの
なあに？

からだ

からだ

保育に生かせるヒント！

★月に1回行なわれる身体計測や検診の際、おしり、おへそ、おなかなど、体の部位の働きをなぞなぞで関心を持たせると効果的。

4・5 歳児向け

だい271もん？

体の中の、
立ったり減ったり
壊れたりする
ところはな～んだ？

こたえ

おなか（腹《はら》）

さらにこんなヒントを！

- みんなが大きくなるために働く、大切なものがいっぱい入っているよ。たたかないでね。
- 裏側は「背中」や「腰」です。

3 4・5 歳児向け

だい272もん？

カエルや
ニワトリにはなくて、
みんなのおなかに
ひとつあるもの
な～んだ？

こたえ

へそ

3歳児へ出すなら

カミナリ様の
大好物。
ゴロピカきたら
隠すものな～んだ？

3 4・5 歳児向け

だい273もん？

自分じゃなかなか
見られない。
しっぽは、生えて
いないかな？
これって何のこと？

こたえ

おしり

3歳児へ出すなら

お山がふたつ、
谷間から出るのは
おなら。
ここはどこ？

★汗やなみだなど、体から出るものについて、なぞなぞを通して興味を持てるようになるといいですね。

★体に関連した図鑑や絵本を、自由に見られるところに用意しておきましょう。

4・5 歳児向け

だい 274 もん？

暑くなると
流れ出て
風に当たると
なくなるもの
な～んだ？

こたえ

汗

別の言い方もあります

夏の日に、
ふいてもふいても
出てくる水。
なめるとしょっぱい
これなあに？

4・5 歳児向け

だい 275 もん？

つまらないとき、
眠いとき、
口から出てくる
見えないもの、
な～んだ？

こたえ

あくび

別の言い方もあります

くびはくびでも
口から飛び出す
くびはな～んだ？

4・5 歳児向け

だい 276 もん？

顔から降ってくる
雨ですよ。
悲しいときに
降りますね。
何かな？

こたえ

なみだ

さらにこんなヒントを！

- この雨は、雨雲じゃなくて目から降ります。
- タマネギを切っても出ますね。

町

子どもたちが自分たちの住んでいる町にあるいろいろな施設について知ることは、地域社会への関心を広げていく基礎になります。

4・5 歳児向け

だい 277 もん？

遊ぶ道具が
たくさんあって、
子どもや大人が
遊んだり休んだり。
ここはどこでしょう？

こたえ

公園

さらにこんな
ヒントを！

- 町の中、家の間に時々あります。
- 散歩で行くところだよ。

4・5 歳児向け

だい 278 もん？

電車が出たり
入ったりするところ。
どこかへお出かけ
するときに
行く場所ど〜こだ？

こたえ

駅

別の言い方も
あります

絵に描いた木、って
何のこと？
線路のそばに
あるんですって。
わかるかな？

3 **4・5** 歳児向け

だい 279 もん？

交差点の番を
しているのかな？
迷子になったら
行くところは
ど〜こだ？

こたえ

交番

3歳児へ
出すなら

駅の近くや町の中で
おまわりさんが
座ったり立ったり。
ここはなあに？

保育に生かせるヒント！

★それぞれの施設に行く際、「今日行くところはどんなところ？」となぞなぞで問いかけてから出かけましょう。

4・5 歳児向け

だい280もん？

ぐあいが悪いときに
行って、
元気になったら
帰ります。さて、
ここはどこでしょう？

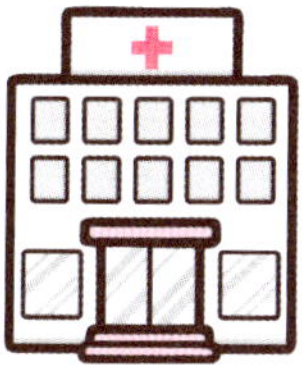

こたえ

病院

さらにこんなヒントを！

- ここで働いている人は、注射器や聴診器を持っています。
- 救急車が病人を連れて行くところだよ。

4・5 歳児向け

だい281もん？

ヤギさんがいたら
大喜び？
お手紙が集まって、
また出ていく
ところです。
ど〜こだ？

こたえ

郵便局

さらにこんなヒントを！

- 赤い車が止まっています。
- 赤い自転車やオートバイもあります。

3　4・5 歳児向け

だい282もん？

コーヒーカップや
コースターが
たくさん並んでいます。
でも食器棚じゃないよ。
子どもたちが大好きな
場所はど〜こだ？

こたえ

遊園地

3歳児へ出すなら

ぐるぐる回ったり、
逆さまになったり、
オバケに会ったり
できますよ。
楽しい楽しい
ここはなあに？

お店

子どもたちの大好きなお店屋さんごっこ。それぞれのお店のイメージをより豊かにし、ごっこ遊びがいっそう楽しくなるよう、なぞなぞで盛り上げましょう。

4・5 歳児向け

だい283もん？

パンがあるけど
パン屋さんじゃないよ。
えんぴつもあるけど
文房具屋さんじゃないよ。
24 時間開いています。
このお店なあに？

こたえ

コンビニ

別の言い方もあります

お茶にお菓子に
電池にボールペン、
野菜やしょうゆも
売っていますが
スーパーではありません。
このお店は？

3 4・5 歳児向け

だい284もん？

色とりどりの
花がいっぱい。
ここで花束に
変身します。
ここはどこでしょう？

こたえ

花屋さん

3歳児へ出すなら

あちこちから来た
花たちが集まるところ。
ここからみんなの
家に行きます。
このお店なあに？

3 4・5 歳児向け

だい285もん？

誕生日や
クリスマスの前に
大事なものを
注文しに行きます。
甘い香りの
このお店なあに？

こたえ

ケーキ屋さん

3歳児へ出すなら

おいしそう！
いろいろなケーキが
ケースに並んで、
あなたを待っています。
ここはどこ？

保育に生かせるヒント！

★「そのお店には、どんなものが売っているでしょう？」と発展させていくとイメージもわき、より楽しめます。

★なぞなぞのあと、お店屋さんを見て歩く散歩をしてもいいですね。

3 4・5 歳児向け

だい286もん？

野菜や果物が
ずら～り。
魚や肉は
売っていません。
このお店は
何でしょう？

こたえ

八百屋さん

3歳児へ出すなら

「野菜屋さん」とは
いいません。
「果物屋さん」とは
違いますが、
野菜や果物を
売っているお店は？

3 4・5 歳児向け

だい287もん？

このお店の人は
とっても早起き。
粉をこねて
こんがり焼いて、
みんなを待っています。
このお店なあに？

こたえ

パン屋さん

3歳児へ出すなら

こんがり焼けたパンが
「いらっしゃいませ」
って、あなたを
呼んでいますよ。
ここはどこかな？

4・5 歳児向け

だい288もん？

今日はお母さんの
料理じゃなくて、
お子様ランチを
食べるんだ。
どこに来たのかな？

こたえ

レストラン

さらにこんなヒントを！

- コックさんが作ってくれる料理をいただきます。
- ハンバーグにグラタンに、ステーキもあるかもしれません。

仕事

いろいろな仕事について関心を持ち、働く大人にあこがれ、子どもたちが夢を膨らませることができるよう、社会には多様な仕事があることを知らせましょう。

3 4・5 歳児向け

だい289もん？

泥棒から見たら恐い人、
迷子から見たら
優しい人、
これはだれ？

こたえ

おまわりさん

3歳児へ出すなら

パトカーや
白バイに乗って
パトロールして
くれるのはだあれ？

4・5 歳児向け

だい290もん？

火が燃えると現れて
消えるといなくなる、
人を助ける
頼もしい人はだあれ？

こたえ

消防士

別の言い方もあります

赤い車でやってきて
ホースで水を
シューッとかけるよ。
これだあれ？

4・5 歳児向け

だい291もん？

わたしの仕事は
病気を治すお手伝い。
でもお医者さんでは
ありません。
さてだれでしょう？

こたえ

看護師

さらにこんなヒントを！

- 白衣の天使といわれます。
- 病院などで忙しく働いています。

保育に生かせるヒント！

★子どもたちに11月23日の「勤労感謝の日」の意味を理解させるために、仕事について話すことは大切なことです。日ごろからなぞなぞで、いろいろな仕事に興味を持つよう伝えられるといいですね。

3　4・5　歳児向け

だい292もん？

病人やけがの
手当てをしますが、
病人が来ないほうが
本当はいいなと、
思っています。
わたしの仕事はなあに？

こたえ

医者

3歳児へ出すなら

注射器、聴診器、
消毒薬にピンセット。
この道具を使うのは
どんな仕事かな？

3　4・5　歳児向け

だい293もん？

電車にいます。
タクシーにもいます。
バスにもいます。
さてだれのこと？

こたえ

運転士

3歳児へ出すなら

人や荷物を
車に乗せて
運ぶ係の人、
なあに？

4・5　歳児向け

だい294もん？

わたしの自慢は
地球の姿を
宇宙から見られること。
わたしの仕事は
なあに？

こたえ

宇宙飛行士

さらにこんなヒントを！

- ロケットに乗って飛んで行きます。
- ふわふわ浮かびながら、いろいろな仕事をします。

お話

その日、子どもたちに読み語るお話のなぞなぞを出し、「答えがわかったらお話が始まりますよ」などと言えば、子どもたちの期待感がぐっと高まります。

3 4・5 歳児向け

だい295もん？

イヌ・サル・キジと
仲よしで、
きび団子が
大好きなのはだあれ？

こたえ

桃太郎

3歳児へ出すなら

おばあさんが
川で拾った果物から
オギャアとうまれた
男の子はだあれ？

4・5 歳児向け

だい296もん？

助けたカメに
乗って、海の底へ
行ったのはだあれ？

こたえ

浦島太郎

さらにこんなヒントを！

- 海の底で、きれいなお姫様に会ったよ。
- おみやげにもらった箱を開けたら、おじいさんになっちゃった！

4・5 歳児向け

だい297もん？

鬼に踊りを見せたら、
ほっぺたにあった
いらないものを
取ってもらえた
おじいさんの
お話なあに？

こたえ

こぶとりじいさん

さらにこんなヒントを！

- 隣の家のおじいさんがまねをしたけれど、じょうずに踊れなくて、ほっぺたのものが増えちゃったよ。

保育に生かせるヒント！

★絵本などを手提げ袋に入れ「さあ、今日のお話は何でしょう？」「どんな主人公が出てくるかな？」などと言いながら、そのお話のなぞなぞで問いかけてみましょう。

3　4・5 歳児向け

だい298もん？

おっとっと、
落としたおむすびを
追いかけたら
ネズミにお餅を
いただきました。
何のお話？

こたえ

おむすびころりん

3歳児へ出すなら

おむすびを追いかけて
穴の中。そこでは
ネズミがお餅つき。
帰りに宝物を
もらいましたとさ。
このお話なあに？

4・5 歳児向け

だい299もん？

おむすびとカキの種を
取り替えっこした
動物たちのお話、
な～んだ？

こたえ

さるかに合戦

別の言い方もあります

ハチとクリと臼と
ウシのふんを引き連れて、
お母さんのかたき討ち。
にくいあいつは
人まねじょうず。
このお話なんだろう？

4・5 歳児向け

だい300もん？

親指くらいの男の子。
打ち出の小づちで
大きくしてもらったよ。
このお話な～んだ？

こたえ

一寸法師

さらにこんなヒントを！

- 鬼退治をして、お姫様をおよめにもらったよ。
- おわんの舟で京の都へ行きました。

お話

保育に生かせるヒント！

★絵本などを読む前に、「今日はこのお話だよ。当ててみて」と言って、なぞなぞを出してみましょう。

4・5 歳児向け

だい301もん？

毒リンゴを
食べても生き返る、
きれいな
お姫様はだあれ？

こたえ

白雪姫

さらにこんなヒントを！

- 魔法の鏡が出てくるお話です。
- 7人の小人と森で暮らします。

3 4・5 歳児向け

だい302もん？

おばあさんも
女の子も
パクリと食べちゃう
オオカミが出てくる
お話なあに？

こたえ

赤ずきん

3歳児へ出すなら

お使いに出かけたのに
お花摘み。
オオカミに
だまされたのはだれ？

3 4・5 歳児向け

だい303もん？

オオカミに家を
飛ばされて、
レンガの家に
逃げ込んだ。
さて何のお話？

こたえ

三匹のこぶた

3歳児へ出すなら

ぼくたち3人兄弟。
いろいろな家を
建てたけど、
レンガの家が一番
じょうぶだったよ。
何のお話？

★生活発表会の出し物について話をするときや、お話ごっこで遊ぶ前に、なぞなぞで導入を。

★なぞなぞや絵本でお話を楽しんだら、好きな場面を絵に描いてみてもいいですね。

4・5 歳児向け

だい304もん？

ロバとイヌと
ネコとニワトリが
泥棒をやっつけて
仲よく暮らしました。
このお話はなあに？

こたえ

ブレーメンの音楽隊

さらにこんなヒントを！

- 年を取った動物たちが旅に出るお話だよ。
- みんなで重なって、泥棒をおどかしたんだよ。

4・5 歳児向け

だい305もん？

不思議なマメが
にょきにょき伸びて
雲の上。巨人の宝物を
いただきだ！
何のお話？

こたえ

ジャックと豆の木

さらにこんなヒントを！

- 不思議なマメは、ウシと取り替えっこしたよ。
- おみやげは、金の卵をうむニワトリだよ。

4・5 歳児向け

だい306もん？

キラキラ光る鳥に
たくさんの人が
くっついて
ぞろぞろぞろぞろ
大行列。
このお話なあに？

こたえ

金のガチョウ

別の言い方もあります

鳥を持って
お姫様を笑わせて、
おむこさんになる
お話な〜んだ？

定番のなぞなぞ

昔から使われてきた定番のなぞなぞを集めました。子どもたちが楽しめるものだからこそ、長く使われてきているといえます。

4・5 歳児向け

だい307もん

赤い着物を着て
いつも紙ばかり
食べているもの
な〜んだ？

こたえ

ポスト

別の言い方もあります

手紙やハガキを
入れると、
遠くまで届く赤い箱
な〜んだ？

4・5 歳児向け

だい308もん

赤い帽子をかぶると
だんだん背が
低くなるものって
なあに？

こたえ

ろうそく

さらにこんなヒントを！

- 赤い帽子は、触るととっても熱いよ。
- 帽子を脱ぐと、糸が出てるんだよ。

3 4・5 歳児向け

だい309もん

いつもペラペラ
お話ばかりしている
道具って
なあに？

こたえ

シャベル

3歳児へ出すなら

わたしはおしゃべりが
大好きです。
みんなが握って
使うもの、なあに？

保育に生かせるヒント！

★子どもたちがふだん目にしていても、まだその名称と結び付けて覚えていないものがたくさんあります。なぞなぞをきっかけに、いろいろなものに関心を寄せられるといいですね。

4・5 歳児向け

だい 310 もん？？

乾いた服は脱いで、
ぬれた服を着て
ひなたぼっこしている
ものは、な～んだ？

こたえ

洗濯ハンガー

さらにこんなヒントを！

- 細い棒でできているよ。
- 三角形をしているものが多いよ。

4・5 歳児向け

だい 311 もん？？

会う人ごとに違う顔。
自分の顔は
なくしたの？
これはなあに？

こたえ

鏡

別の言い方もあります

同じものだけど
見る人によって
違って見えるもの
なあに？

4・5 歳児向け

だい 312 もん？？

左手では
つかめるけれど
右手では
つかめないもの
なあに？

こたえ

右手

さらにこんなヒントを！

- 右手で体のあちこちをつかんでごらん。つかめないのはどこかな？

定番のなぞなぞ

保育に生かせるヒント！

★「明日」「名前」「光」など、手で触れないものにも名前があることに気づけるといいですね。

3　4・5 歳児向け

だい313もん？

庭や畑に
まいてもまいても
芽が出ません。
何をまいているの？

こたえ

水

3歳児へ出すなら

どんな形にも
なれるのに、
指でつまむことは
できません。
これはなあに？

4・5 歳児向け

だい314もん？

いつもそばにいるのに
たどりつけない。
そこに行けたとしても
そのときには、もう
別の名前になっている。
何のことかな？

こたえ

明日

別の言い方もあります

夜の向こうにあって
わたしを
待っているもの。
朝になると、名前が
変わってしまいます。
これってなあに？

4・5 歳児向け

だい315もん？

自分のものなのに
ほかの人のほうが
たくさん使うもの
なあに？

こたえ

名前

さらにこんなヒントを！

- ひとりにひとつずつ、必ずあります。
- 「ちゃん」や「くん」を付けて使います。

★316問目の「人間」は、古代エジプトの時代からあるなぞなぞです。少し言葉が難しいと感じるものでも、言葉のリズムや繰り返しを楽しみ、長く伝えていってほしいものです。

4・5 歳児向け

だい316もん？

朝は4本足、
昼は2本足、
夕方は3本足の
生き物なあに？

こたえ

人間

さらにこんなヒントを！

- 最初はハイハイしてて4本足、歩けるようになって2本足、年を取ってつえをついたら3本足、だよ。

4・5 歳児向け

だい317もん？

新しい車は「新型」、
では、古い車は
何がたでしょう？

こたえ

ガタガタ

さらにこんなヒントを！

- 古い車は、走るときに揺れちゃうかも。どんなふうに揺れるかな？

4・5 歳児向け

だい318もん？

窓が閉まっているのに
ガラスも割らずに
入ってくるもの
なあに？

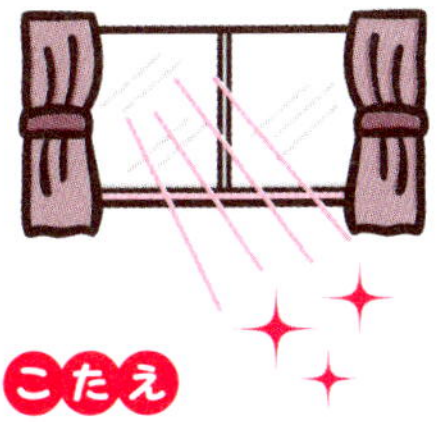

こたえ

光

別の言い方もあります

ホタルの
おしりからも出て、
わたしたちを
楽しませてくれるもの
な～んだ？

みんなでいただき！ 子どものつぶやきをオリジナルなぞなぞに！

子どものおもしろい発想をメモ！ なぞなぞにしてみんなで楽しもう！

子どもたちは、遊びのなかから思いがけない発想で、おもしろいことを言うことがあります。その言葉を忘れずにメモしておきましょう。それをなぞなぞにして子どもたちに出し、そのなぞなぞを覚えて帰った子どもが保護者に出し…というように、ひとりの子どもの発想が広がっていくでしょう。また、「○○ちゃんが作ったなぞなぞだよ」と伝えることで、子どもたち同士でもなぞなぞ遊びが広がっていくきっかけになるでしょう。

〈例〉

だい 1 もん

子どものつぶやき

イカとカイってにてるよね

なぞなぞ

イカが逆立ちしたら何になるかな？

こたえ

カイ

オリジナルなぞなぞ

だい　　もん

子どものつぶやき

なぞなぞ

こたえ

だい　　もん

子どものつぶやき

なぞなぞ

こたえ

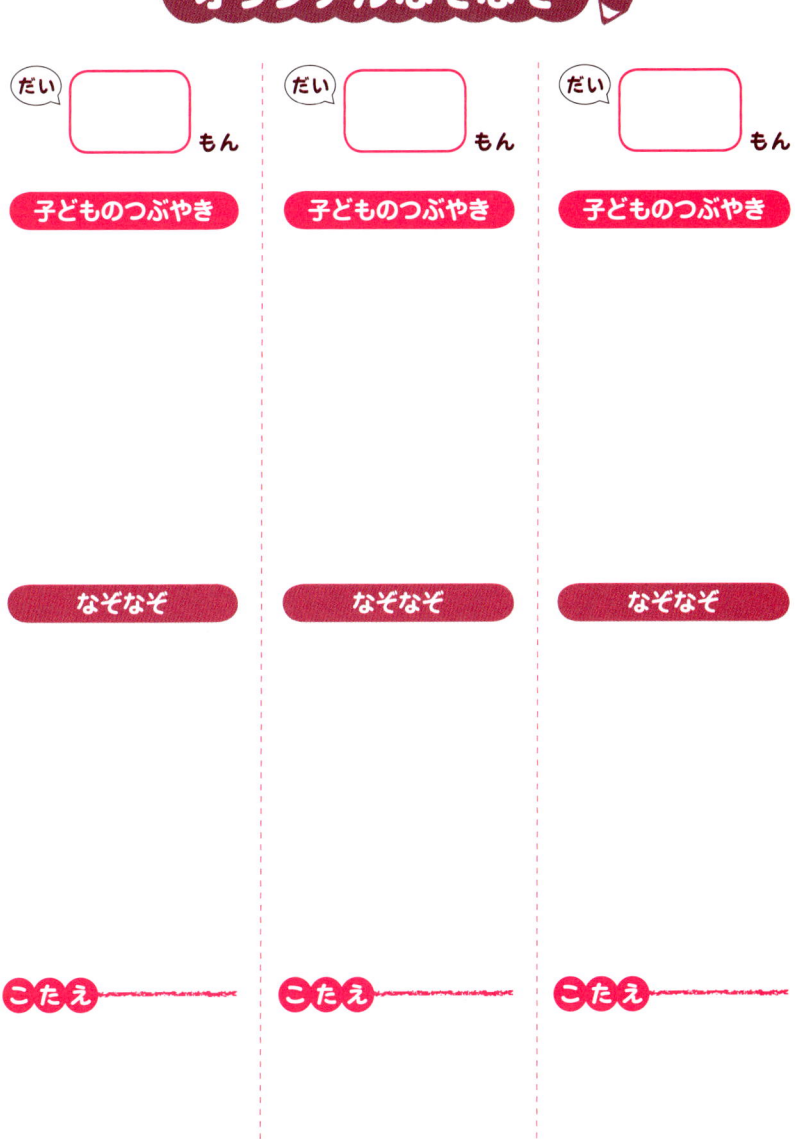

だい　　もん

子どものつぶやき

なぞなぞ

こたえ

オリジナルなぞなぞ

126・127 ページをコピーして、
たくさん作ってもいいでしょう。

だい　　もん

子どものつぶやき

なぞなぞ

こたえ

だい　　もん

子どものつぶやき

なぞなぞ

こたえ

だい　　もん

子どものつぶやき

なぞなぞ

こたえ

だい　もん

子どものつぶやき

なぞなぞ

こたえ

だい　もん

子どものつぶやき

なぞなぞ

こたえ

だい　もん

子どものつぶやき

なぞなぞ

こたえ

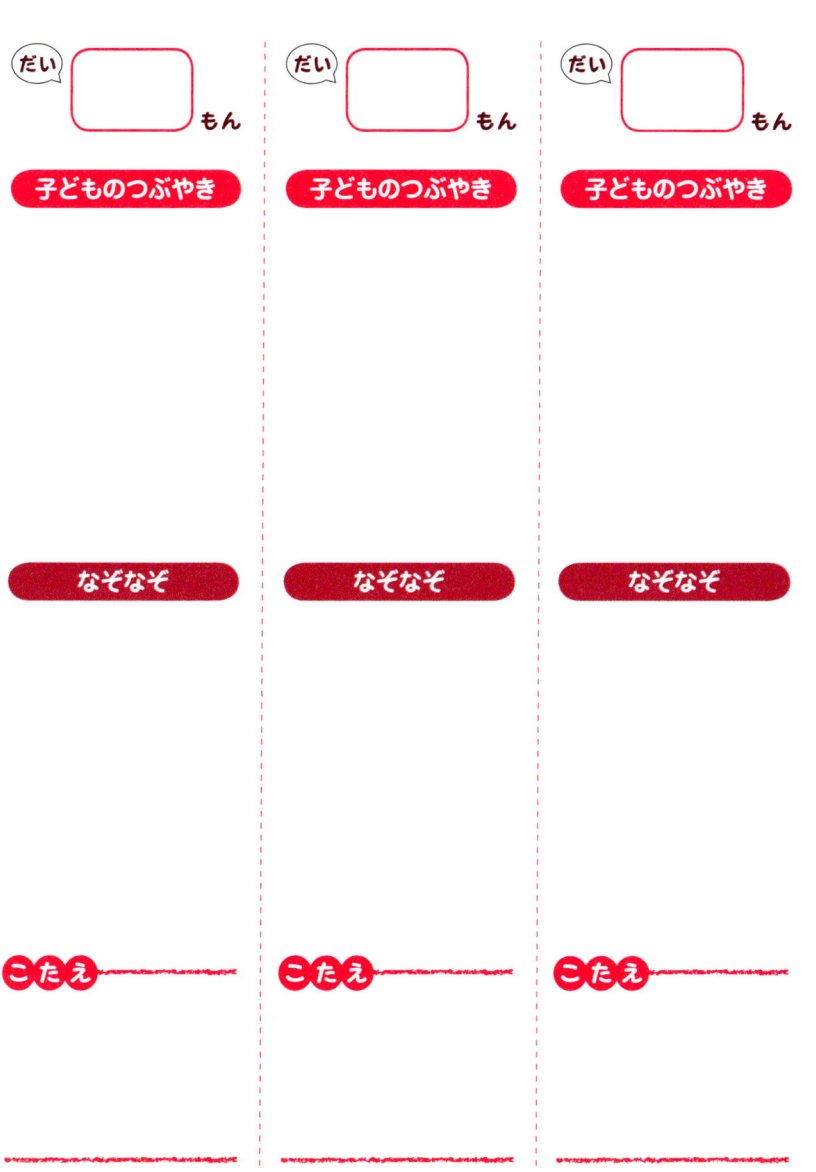

〈監修〉

今井　和子（いまい　かずこ）

子どもとことば研究会代表を25年間務める傍ら、立教女学院短期大学教授を経て、現在は全国の保育者研修を精力的に行なっている。著書は『子どもとことばの世界』（ミネルヴァ書房）など多数。

〈監修協力〉

桝本　京子（ますもと　けいこ）

元・さいたま市公立保育園園長。子どもとことば研究会所属。

三ツ口　知恵子（みつくち　ちえこ）

川崎市保育園に38年間勤務。現在、川崎市のこども文化センター勤務。

〈執筆協力〉

すとう　あさえ

幼年童話作家。作品に『ざぼんじいさんのかきのき』（岩崎書店）『つないだてとて』（佼成出版社）など。

山本　省三（やまもと　しょうぞう）

神奈川県生まれ。文と絵両方の分野で、絵本や童話、造形、ゲーム考案などを手がける。

STAFF

〈イラスト〉

赤澤英子、黒はむ

〈編集協力〉

株式会社 童夢

〈デザイン〉

宮代佑子（フレーズ）

〈企画・編集〉

長田亜里沙、安藤憲志

〈校正〉

堀田浩之

ハッピー保育books⑬

子どもとつながるちょこっと遊び！

保育のなぞなぞ318

2011年9月　初版発行
2021年7月　第7版発行

監修者　今井和子
発行人　岡本　功
発行所　ひかりのくに株式会社

〒543-0001　大阪市天王寺区上本町3-2-14　郵便振替00920-2-118855　TEL.06-6768-1155
〒175-0082　東京都板橋区高島平6-1-1　郵便振替00150-0-30666　TEL.03-3979-3112
ホームページアドレス　https://www.hikarinokuni.co.jp

印刷所　凸版印刷株式会社

Printed in Japan
ISBN978-4-564-60792-9
NDC376　128P 18×13㎝